走好想走的路，過好想要的生活。

陪自己走走

人生
只跟自己有關，
不需要
每個人都喜歡

艾爾文——著

目錄

PART 1
陪自己走走

CONTENTS

PART 2

人生這條路

PART 4

往前走下去

PART 5

漸好的日子

〈自序〉

人生這條路，願我們都是愈來愈喜歡

二〇一九年秋，我前往加拿大魁北克旅行，一座交織在新舊時代裡的城市。先前已在網路上瀏覽過當地街景，照片中的街道瀰漫著歷史氣息，光是想像能走在三百多年前就存在的道路上，當下便感到不可思議。

雖然早已計畫要在楓葉季節前往，不過當天抵達魁北克時，還是臣服於眼前那一望無際的楓林，整片紅黃漸層的楓林覆蓋在遠方山脈上，景色宛如油畫般令人嘆為觀止。從沒在國外租過車的我，也決定在異鄉獻出勇氣，帶著一絲的冒險精神，驅車前往計畫之外的國家公園感受秋意。

這是一時興起的決定，事前沒有做多少功課，一路上僅憑藉手機導航便朝向未知而去，出發前也不知道國家公園是坐落於什麼樣的山中。直到抵達山腳下的遊客中心後，我才意識到自己要探索的或許不只是一座未知的山，更是自己的內心。

那是一間充滿森林氣息的遊客中心，一進門就能看見牆上掛著一幅巨大的登山地圖，劃分出進階、中等、容易三種等級的爬山路線，一旁則標示每條路線會經過的景點、所需距離和往返時間，彷彿提醒旅客要衡量好自己的能力，因為給予再多的指示，一切還是要靠自己。

究竟該選哪一條路呢？定期會運動的我，自認體力足以應對中等路線，便興起想要挑戰進階路線的念頭。畢竟，此趟可是遠渡重洋經過紐約再跋涉到魁北克，或許這第一次的造訪也就是最後一次，當下心中只想飽覽所有美景，深怕錯過某個景色都會成為畢生遺憾。

那股挑戰心態，一部分是針對自我，一部分則是想把旅程所付出的金錢跟時間都討回來。

這感受，很像大排長龍等待用餐的經歷：排隊時，我們餓著肚子期盼能夠用餐的那一刻，排隊等待的時間愈久，入座後想塞進肚子裡的餐點就愈多，會想把剛才排隊流逝的幾個小時全部討回來。

這感受，也像極人生。年輕時，我們會用力地剝碎自己去迎合世界，揣測自己在別人心中的各種樣子，一心想要得到別人的青睞。在愛情、人際、工作、事業裡，我們投入自己所有的時間與心力，期盼某一天有所回報，沿途擔心錯過任何一個機會。我們努力，我們等待，我們堅持，我們渴望，我們把一件又一件的事情按序塞進日程表裡排隊，等待時間叫號就開始執行。我們認為自己終將有所獲得，也應該有所獲得，深信前期付出愈多，後期就能討回來愈多。

然而，隨著時間推移，歲月逐漸讓人明白，人生發展並非自己全然能掌控，有些事會徒勞無功，有些人會離開自己，有些機運過了再也沒有，有些付出就是怎麼樣也討不回來。

人生，終究不是排隊進餐廳——遲早輪到自己；也不是順著準備好的路線圖前進——沿途都有標示。人生是一場面對不確定性的過程，前方除了未知的際遇與風險，卻也藏有變好的可能。你不會知道此刻沒有得到的回報，或許成了更好的安排；不會知道某個人的離開，或許讓你遇見更好的另一個人；不會知道你以為錯失的某個機會，其實造就一個更好的機會在途中等你。

人生到後來會明瞭——也可能是被迫接受——過去的事無法重來，未來的事還在安排，唯一要把握的，是在此刻陪自己走下去。

/

想寫一本「跟自己有關」的書，是因為回顧過去十八年的日子，深感了解自己是一件愈早開始愈好的事。

十八年，二〇二四年是我出社會滿十八年。從人生階段來看，十八歲已被視作「轉大人」的年紀（當然在母親心中永遠是小孩），需要開始為自己的行為負完全的責任（無論情感上或法律上）。所以那天我察覺自己已經步入社會十八年後，深感光陰似箭，便興起回顧那些造就現在自己的種種過程，想在人生軸上畫一條線，看看此前的我是否有為自己的人生負責。

在這十八年中，我先是花了三年多的時間在科技業工作，後來花了兩年多的時間摸索自己想做什麼，最後藉由寫作找到自己的落腳處，如今一待已過了十二年。

期間，歷經工作失意、健康警訊、轉換職業、創業失敗、摸索人生、破繭重生（詳細都寫在後面的文章裡了），我其實最想問自己的是：我有成為當初想要的那個自己嗎？

你呢，你有成為當初想要的那個自己嗎？

這是一個對任何人來說都難以回答清楚的問題，因為在這時代我們並不容易了解真實的自己。在這人人汲汲想要（或被迫）展現自己最好一面的時代，我們會以別人的最佳狀態來度量自己的現況——而且還是拿自己的最壞情況去比較——想當然最終只會居於劣勢。若想要好好認識自己，就必須一個人靜靜地剖析自己，試著在生活點滴中努力榨出自認的那一點好，說服自己其實也是有努力地活。

然而，很難，是吧？所以我想寫這本書。一本關於人生只跟你我自己有關的書，想經由我的故事來訴說我走過的路，體會過的煩憂。我想寫出我尋覓自己的過程，讓你也能在茫然時找回自己。

／

我曾經以為，談那麼多自己的事，真的會有人想看嗎？這世界太嘈雜，每個人顧好自己都沒時間，還能有多少心思了解別人的事？但我的閱讀體驗是喜歡讀別人的故事，所以也就喜歡寫自己的故事。

不久前才從書上讀到，研究指出與人產生共鳴最好的方式，就是分享自身遭遇的經驗。與其在聽完別人的故事後給出點評見解，更好的方法是在聽完別人的故事後，也掏出自己的故事跟對方分享。雙方透過彼此的故事自能產生交流，其餘不言而喻。

這聽起來跟閱讀體驗頗為相似。寫作者寫好一本書，看起來受限於載體只能單方面地傳遞，實際上卻透過文字橫跨時空傳達心中的想法。若有幸，某一篇故事與讀者產生了共鳴，讓讀者憶起自己的故事並在心中迴盪，作者與讀者無須碰面便能產生交流。

而在此書中，我想跟你交流的是自己過往一些自認有趣，也有點難為情的故事。在撰寫期間，我試著用兩倍速播放過去人生的記憶（但十歲以前已模糊），在印象深刻處再慢速播放，試圖找出哪些人生片刻影響了現今的我。有些是在小學、國中階段，有些是大學、研究所階段，有些是剛出社會階段，有些則是才近兩三年的事。

回顧時，我也訝異自己的生命歷程看似幾十年，卻能輕易地就化作幾個時間點來帶過。我想人生確實如此，雖然看似每天在重複過著日子，但還是要盡可能在當下努力活成自己想要的一天。說不定你今天發生的事，正在造就未來十幾二十年的你。

／

站在魁北克遊客中心那張地圖前，我已做好準備挑戰那條最難的登山路線。心中卻有一股聲音響起：我真的能夠應對最難的路線嗎？冷靜下來後，便開始盤算自己有多少能力，還有多少遊玩時間。考量當天抵達時已過中午（沒有規畫的後果），為了確保能在天黑前下山，最終還是選擇了最簡單的那條路。

也好在，沒選最難的路，因為不久後我就在錯綜複雜的山間迷了路，差點下不了山。

在約莫走了三四十分鐘的上山路後，我準備依循原本的路線回去。然而，曾聽聞上山容易、下山難，除了體力可能在上山時耗盡，下山的路段因為身體重心在前，加上秋天山林溼氣重，地面溼滑容易跌倒，回程下山的路顯得相對困難。

此外，那座國家公園可行走的路線非常多變，上山沿路有許多岔路可以走向不同的路線，原則上只要沿著路往上走，不知不覺就能抵達某一個觀景區。可是一旦換成下山時，那些岔路反倒變成十字路口，加上我是遊走在大片楓林裡，早已分不清東南西北，以及當初是沿哪一條路上來，一時之間找不到原路回去原本的登山口。

原本應該只要再花十分鐘就能下山的路程，花了快二十分鐘才回到原先的登山口，體感上更是覺得過了四五十分鐘。驚嚇之餘，也慶幸當初沒有選擇最難的路線。

這或許也是人生，你可能會後悔自己當初沒有選擇走最想走的那條路，但又如何知道你此刻的路不是最適合你的路？人生的路，總是要走過才知道。這條路，也必須你自己走才行。

在我小時候的記憶深處，特別喜歡吃母親炒的家常菜——韭菜花炒豆干，必須是黃皮白肉的豆干。這道菜我初次嘗到就愛上了，豆干和韭菜花在盤中交疊，混合的味道挑動我的味蕾。每當這道菜出現在飯桌上，預計有一半將會被我吃完。

母親的其他拿手菜我也愛吃，紅燒牛肉更是廣受鄰居好評，但我從小就是吃不膩看似普通的韭菜花炒豆干，離家求學後依舊念念不忘。如今，我也分不清究竟是因為母親的廚藝，還是這道菜本身的滋味，讓我如此鍾情。

奇妙的是，小時候我對韭菜是有所提防的，或許是跟韭菜花所屬部位或品種不同的原因，那濃郁的味道是還小的我無法理解的，長大後才逐漸感受到韭菜在料理中提味的地位，與麵皮一起做成韭菜水餃或韭菜盒更是絕配。

生活中，有些喜歡是與生俱來的，一見如故，沒有理由，遇見瞬間就會喚醒身體知覺。然而，有些喜歡則非命定，得來不易，要經過猶如走過天堂路的掙扎，要刨去原本抗拒的外皮才能看見喜歡的內在，甚至有些事原本其實很討厭，後來卻是好喜歡。

閱讀跟寫作對我來說正是如此。小時候，我對寫作是避之唯恐不及，總是摸不透如何在字裡行間滿足作文老師的期待，一次寫作就是一次折磨。閱讀則是直到大學才啟蒙，印象中大學前幾乎沒認真讀完過幾本書籍，誰知某天默默啃完一本厚重的書，竟然喚醒我對知識的好奇，因而一本一本接著讀。

從此，我在閱讀的世界中，找到過失戀的慰藉，尋求過管理財務的方法，認識到了解自我的心理學，閱讀因此變成我不可或缺的喜好。再加上年過三十誤闖誤入的寫作大千世界，一邊輸入、一邊輸出，成了我推動生活向前的齒輪。

人生的喜歡，可能是偶然也可能是必然，它等著我們自行去遇見，或是藏匿在最初厭惡的事物後面，需要我們克服困難才能挖掘出來。

喜歡的人生，可以是運氣也可以是努力，會需要費盡千辛萬苦才能過上想要的生活，等到擁有之後又發現自己是如此幸運。

然而，無論是天生就喜歡，還是後來才喜歡，一切只與自己一人有關。別人不能決定我們該喜歡什麼，也不能決定我們該如何生活，別人的菜不會是你的菜。你會受到他人影響，會在矛盾中掙扎，但最終，還是只能由我們自己定義自己的喜愛；喜歡吃什麼樣的菜色，喜歡過什麼樣的人生。

／

有時覺得寫作的過程跟人生相似，如同此序從開頭順著自己的思緒，修修改改走到了這裡，磨合，汰換，更迭，沿路敲著順手的鍵盤，聽著順耳的音樂，喝著順口的綠茶，留下喜歡的段落，一個人，平靜地寫著，沉浸於喜歡的氛圍。

想起雪梨那間十九世紀維多利亞式的商城，狹長的廊道，中間一排餐桌連綿貫穿，兩旁店家彼此依附，有飾品店、工藝店、咖啡廳、甜點店，看得我每個紀念品都想買，每塊蛋糕都想吃。但我終究只有一個胃，一趟有限的旅程，一個大小適合我的背包，能夠裝進的事物沒那麼多，必須都是自己喜歡的才行。

人一生，來來往往會有很多的人從生命中經過，有些人是一出生就有關係，有些人在成長過程連結了關係，有些人則是沒了關係也沒關係。但有一個人（你能想到），是一輩子都會有關係，那個人是自己，值得我們永遠喜歡的自己。

人生這條路，陪自己散步，沿途所路過、所聽聞、所遇見、所體會，最終都是只跟自己有關——

願我們都是愈來愈喜歡。

PART 1

陪自己走走

人生是條自己陪自己走的路，
遇到困難可以放慢腳步，但不要因為別人的懷疑而放棄自己。

喜歡努力的自己，而不是努力讓別人喜歡你

艾・語錄

也許，這個世界不會因為你用心過日子，
生活就不再遇到困難；
事情還是可能出錯，
日子還是可能過得跌跌撞撞。

然而，用心生活的另一個目的，
是相信成長後的自己，
可以克服現在還無法應付的事。

別為了生活改變原來的自己，
而是要用喜歡的自己，努力改變生活；
你的努力，不是為了說服別人認同你，
而是知道未來，只有自己能給自己。

二〇二〇年是我離開上班職場滿十年，那時我趁著在泰國旅行期間，錄了一支影片分享十年來的心路歷程。那支影片在網路上引起不少共鳴，至今累積超過七十萬的觀看次數。

然而，我在影片中沒提到的是，離職後約莫有兩年的時間，我對於未來都處在茫然的狀態之中。原因在於，我根本沒有規畫好下一步就遞出辭職申請單。在那個還沒有「裸辭」說法的年代，我當時就是裸辭了，在毫無準備的情況下遞出辭呈。

而這個臨時**逃離**的決定，也把我自己推向一個從來沒想過的深淵：因為頓時沒了目標，生活也跟著失去重心，導致情緒漸漸走向低谷。

過往還在公司時，因為部門分工明確，每週都有專案經理負責規畫工作進度，每天要做什麼我心裡都有數。不過換成自己一人工作時，目標開始變得不明確，日子漸漸變得單調，生活的節奏好像遺漏了什麼，空虛感也就朝我襲擊而來。

我當時很困惑，覺得人生怎麼比想像中難那麼多。照理說，上班時既然工作不開心，離職後終於有了更多的自由，我應該是愉悅地探索自己想做的事才對。然而，也正是在那時，我才意識到一件更嚴重的事：原來我不知道自己想要的是什麼。

這個疑問——**我到底想要的是什麼？**——成了我後來持續尋找人生答案的線索。它彷彿變成我人生的「克漏字測驗」，若不趕緊填上答案，人生就成了一個不完整的句子。

隨著持續探索，我也開始有了更深一層的體會：每當人在困惑自己到底想要什麼的時候，不見得是在尋求一個肯定的答案，而是在尋求一種轉變；一種期待生活上的轉變，一種尋求自我認同上的轉變。

從心理學的角度來看，自我轉變是一種轉換身分的過程，你會從「原先的自我」轉換到「期待中的自我」。當這兩個自我的身分彼此相符時，人並不會想尋求轉變，而是會覺得此刻圍繞在自己身邊的環境、工作、人際關係，都符合自己想要的狀態。（套用我自己的理解，就是心中的兩個自我**對齊**了。）

然而，當兩個自我彼此不相符時，人就會開始產生轉變的渴望，也因此內心會出現「不知道自己想要什麼」的困惑。

以我自己來說，當初還在職場上班時，我的內心存在兩股互相拉扯的力量。一方面，科技業的薪水提供我穩定的生活，也給了我可預期的未來；另一方面，我嚮往截然不同的工作跟生活，即便我不確定自己要的是什麼，但可以確定科技業的職務並非我想從事的工作內容。

在這兩股不同方向的力量拉扯之下，我的內心產生了衝突，我的兩個自我開始彼此排斥。

起初，我的兩個自我分離程度還不明顯，所以我頂多偶爾覺得困惑。但隨著懸而未決的矛盾開始蔓延到生活其他層面，我也愈來愈難壓抑心中的焦慮。白天時，我還可以透過繁忙的工作來掩飾心中的不知所措，但每當到了夜晚，尤其是從公司騎車回家的那段路上，我總困惑自己為何沒有去過想要的人生。

於是乎，當我的眼睛出現健康狀況之後，所有悶在心裡的問題都炸開成了碎片刺傷自己，我也才意識到自己非得離開那份工作不可。

只是，這也導致我就算後來離開了那份工作，真正的問題還是沒有解決。我還是不知道自己想要的是什麼，所以才在離職後過著渾渾噩噩的生活。

後來我是怎麼走出那兩年困惑的迷霧呢？其實，我並不是走出來，我只是靜靜地等待，等待時間把迷霧吹散開來。

／

離職後約莫一個月，我就開始感覺到自己對於生活的熱情漸漸消失中。巧合的是，以前我在進修班認識的同學聯絡上我，他也有離職創業的打算，而且手上已經計畫好要做的項目，便開口問我是否有興趣一起創業。

對於一個不到三十歲、剛脫離上班族身分的我，光是聽到有創業機會就足夠興奮到失眠。何況當時的我正失去生活的踏實感，如同溺水的人，別人隨便丟一條繩索都急於想抓住。

然而，我才剛從上班環境離開，怎麼可能有創業的經驗跟能力？果不其然，那次的創業最終以失敗收場，前後歷經大約兩年的時間。損失的金額雖然還在可以承受的範圍之內，但對於那時沒有穩定收入、存款持續減少的我而言，無疑是一大打擊。

怎麼辦呢？我也不知道該怎麼辦。此時，我心中的兩個自我又開始彼此拉扯：一個希望我趁來得及趕快回科技業上班，另一個則希望我繼續努力嘗試；一個擔心別人會怎麼看待我創業失敗，另一個則認為我不需要在意別人的眼光。而當這兩個自我又開始衝突時，那道聲音再度從心底冒出來——我到底想要的是什麼？

接下來幾個月，我不時探索自己的想法，同時也在網路上搜尋可以做什麼事情來增加收入。當時我還沒有能力、也沒時間體會「不為錢工作」的境界，所以除了思考自己到底想要什麼之外，就是不斷尋找自己還能做什麼事情謀生。

就在那時，我心裡也打定主意了，若是再過半年還是撐不下去，我就死了這條心，心甘情願地回去上班。

／

眼看就快被逼到要回去上班，某天我不知道哪裡來的想法，打算在網路上分享自己學習的心得，題材就以手邊正在學習的內容為主。這就類似現在用影片分享生活體驗，只是那時沒有手機可以隨手錄影、錄音並一鍵上傳，而是需要架設網頁，整理好資料再發布文章。

算是幸運嗎？因為我本身好奇心就重，所以看到有興趣的知識就會想多了解，只要在學習之後把筆記心得整理出來就行。雖然還不知道是否可以因此賺到錢，但我就這樣開始在網路叢林裡一步一步留下了足跡。

現在回頭看，或許那就是我踏上寫作之路的開始。隨著一字一句落在文書軟體上，隨著一篇又一篇的心得文章產出，我的思緒開始在寫作的日子裡沉澱下來，漸漸忘了自己正在煩惱什麼。

這也是我後來喜歡上寫作的原因。寫作對我來說彷彿有股魔力，在把想法透過鍵盤打出來的過程中，感覺心中有另一個人不斷在跟自己對話，傾聽自己的聲音，了解自己的痛楚，心中的煩惱也就漸漸地消散開來。

說起來，人在過日子也是如此。**當我們專心投入眼前的生活時，心中原本焦慮的事情也會漸漸被撫平。日子一天一天地過，心情也會漸漸地平靜下來。**

而就在我透過寫作慢慢安放好自己後，某天，好消息跟著出現了。

／

寫了將近三個月的心得文後，我在網站的後臺看到了一線生機。有天我發現，我的網頁竟然能產生廣告點擊收入。雖然金額只有幾十美元，卻給了當時的我一股信心，那股信心就像是一條繩子拉住了我，避免讓我繼續墜落。

有了獎勵，事情做起來也更有動力。後來我陸續學習更多架設網站的技巧，也練習如何把想表達的事情寫得更明白，經由讀者點擊廣告而來的收入也漸漸多了起來。

雖然那些收入離上班薪水還有一大截，但網站收入加上離職前我就有的投資收入，整體來說已足夠安定我的心情。再過不到一年，我就成立理財教學的網站，也就正式開啟我從來沒想過的寫作生涯。

如今回想，當初我還真的不知道自己做了什麼，我只是依循自己想要改變生活的渴望，以此當作人生指南引領自己。事實上，我無法知道如果當初沒有提出辭呈，我是否還有機會開創目前的事業；我無法知道如果不是跟朋友合作創業失敗，我是否還有動機逼自己在網路上尋找機會。

幾年前我在書上讀到一句話：「重來也不會好過現在。」這句話是勸人不要執著於過去犯的錯，而是應該要向前看。不過在我看來，這句話也提醒我：**就算事情重來一遍，也不見得會遇到同樣的過程；結果是好是壞並不重要，好好把握當下才重要。**

說來，生命的路程像是流水一般，會流向哪裡，會在哪裡轉彎，會在哪裡匯聚，唯有時間才能告訴我們。生活中的每一段際遇，都有一個終點在等著，同時也會開啟一個新的機會，形成另一個新的起點。

人生，的確很難，因為我們無法預期接下來會發生什麼事，還有別人怎麼看自己，很多時候就只能悶著頭向前走。不過，**人生也可以不難，因為我們可以當自己的指南，跟隨自己的心意，盡力在當下為最好的可能努力，然後喜歡那樣的自己，而不是努力讓別人認同自己。**

至於將來會去到哪裡，會遇到什麼機遇、碰到什麼樣的人，或許根本無從得知，但只要用心過好眼前的生活，相信此刻所有的遭遇，終將成為最好的安排。

遇到不好走的路，陪自己放慢腳步

艾·語錄

人生是個過程，
每一點都是過去的總合，也是未來的延伸。

無論發生什麼事，
我們可以站在原地後悔過去，
也可以繼續向前期待將來，
端看自己如何決定。

記得，人生是條自己陪自己走的路，
遇到困難可以放慢腳步，
但不要因為別人的懷疑而放棄自己。

有一類煩惱，通常一開始思考就會沒完沒了。好比這個——為什麼這件事會發生在我身上？還有這個——早知道當初就不要做那件事。

過去的事當然無法重來，只是當不想發生的事情還是發生時，心情上自然很難釋懷，會認為自己當初如果有多做或不做什麼事就好。而處在後悔的情緒之中，有時候人的心情很快就能走出來，有時候卻會深陷負面思考的迴圈之中。

英文裡有個詞叫 rumination，中文可以翻譯為「沉思」，但意思上也接近「反芻」，而且是帶有負面情緒的反芻，說的就是人的思緒不斷在同一件事情上打轉，繞不出去。

我自己應該算是比較不容易後悔的人，無論是個性使然，還是刻意學習正面思考，對於已經發生的事，我還算能向前看。然而，隨著人生遇到的事情愈來愈多，我對於過往沒有去做的某些事也開始感到遺憾。

好比小時候我對畫畫有興趣，但成長過程中沒有機會學畫畫，如今人生卡在半途之中，好像也找不到更多時間來學。另外我也羨慕會彈鋼琴的人，但也是礙於工作遲遲沒有學習。

此外，我偶爾也會想起，如果我現在還待在科技業上班，會不會已經當上部門的主管，戶頭裡有很多張公司的分紅股票？那個我目前過著什麼樣的生活呢？會不會比我現在的生活還穩定？這些念頭雖然不至於干擾到我，但有時想起來還是覺得有一點可惜。

只是，如果人生真的能重來，就不會有遺憾了嗎？

／

我曾在書上讀到一則令人玩味的故事：在一個平凡的小鎮裡，住著一位名叫雷吉的男子，他對於自己平凡無奇的生活感到非常氣餒。他在小鎮的一家餐廳工作，每天過著重複且乏味的日子。雷吉跟許多人一樣，內心渴望改變，卻不知道從何做起。

某天，雷吉做了一個令旁人詫異的決定：他打算不告而別，離開小鎮展開全新的生活。那天，雷吉毅然決然地拋下工作跟朋友，也拋下了妻子，彷彿過去的人生只是一篇沒寫好的文章，隨手揉一揉就直接往垃圾桶裡丟。他甚至把身上的衣物丟棄在海邊，意圖偽造自己的死訊，希望從此斷絕跟過去的關係，換一個身分重新過不同的人生。

離開原本的生活圈後，雷吉前往一個沒有人認識他的地方展開全新的生活。只是誰又能預料到，命運之神並沒有站在他這邊，他的新身分不但沒有幫他招來好運，還接連遭逢各種不幸跟挫折。

後來不知道是受不了還是想通了，這些倒楣的經歷讓雷吉重新審視自己的決定。最終，他回到原來的小鎮，並且為自己取了一個新的名字叫馬丁。

改名為馬丁的雷吉在回到原本的小鎮後，跑去同一家餐廳應徵工作，並且重新娶了自己的妻子。他堅稱自己並不是大家口中的那位雷吉，而是初來乍到的新居民，還厚臉皮地說他娶的對象是雷吉的遺孀。就在眾人將其當作玩笑話的同時，雷吉的日子又回歸到往日的樣子。

故事聽起來荒謬到極點。換作是現實生活，雷吉肯定被認為是沒有責任心的人。然而，雷吉心態上的轉換也值得我們多加思考。雖然他換身分後的際遇很諷刺，但實際上雷吉要逃離的不是他原本的生活，而是一種**別無選擇**的感覺。

曾經有學者研究過，人在失去選擇權時，會感到焦慮跟無助，會覺得自己的內心被囚禁住，會漸漸對未來失去希望。對一個沒有生活選擇權的人來說，失去的並不是機會，而是自由。

隨著年齡漸長，人被迫要接受的限制會變多——工作不再能說換就換，要開始顧慮吃什麼、做什麼，要花更多時間適應新環境。生活漸漸固化成某個形狀，猶如風乾許久的黏土不再能輕易變形。

所以，**當人陷入後悔的情緒時，不見得是後悔沒有去做或做了某件事，而是感嘆自己無法再像以前一樣，擁有選擇做或不做的自由。**

我們會感到後悔，是因為年輕時尚未真正失去選擇做或不做的機會，唯有等到可以去做的時機漸漸遠離，才感傷自己再也沒有機會去做。但事實上，我們後悔的不是錯過做那件事的機會，而是年輕時可做、也可以不做的自由。

我回想，如果我以前轉而投入時間學畫畫、學鋼琴，或許就少了時間來探索自己的工作興趣，也或許就沒有現在的生活。如果當初沒有離開科技業，或許會成為獨當一面的主管，但我又怎麼知道那個版本的我，後來會遺憾自己錯過什麼呢？搞不好我也沒有如願以償當上主管。

人生的每一個遺憾，對應的都是生命裡的一個空缺，只是生命本來就會有空缺，多的是填補不完的欲望。

人一切的想望都是在現有生活基礎下思渴出來的，正如作家安・派契特在《倖存之家》書中所描述：人都是戴著「現在」這副眼鏡回望過去，而不是用自己過去的角度來看過去，所謂的「過去」已經產生了根本的變化。

即便看起來是同一件事，經過時間的捉弄，早已跟年輕時看上去的樣貌不同了。

在這個匆忙的世界裡，我們隨時都有可能陷入慌張的處境，掉進焦躁的漩渦。會擔心趕不上別人的腳步，焦慮來不及成功，煩惱錯過某個機會，害怕自己過了年齡。

然而，人生沒有什麼非做不可的事，際遇是好是壞，當下不一定就是結局，未來也許還有更好的安排。人生路途中，我們會不時需要全力奔跑，要鎖定目標奮勇前進，但偶爾也需要慢下來，陪自己散散步，好好欣賞人生沿途風景。

需要擔心的，反倒不是自己錯過了什麼，而是我們將其視為自己的過錯，壓在心頭上讓自己難以喘息。

一個人的後悔，不一定是真的後悔，也許只是想要擁有選擇的空間；或者說，想要的是一個希望。當人有希望時，總是能感受到比較多正向的情緒。

只是話說回來，過去的事永遠無法重來了，但希望，我們隨時都可以給自己，不是嗎？

過去的選擇，已成為了經驗；未來的選擇，蘊藏了希望。
而現在，用心就是最好的安排。

做喜歡的自己並不自私，討厭你做自己的人才是

艾・語錄

和別人好好相處，
但好相處不代表處處配合。
每個人生來不一樣，也都有自己獨特的個性，
可以互補，卻不該強求。

其實，為自己著想並不自私，
為了自己而傷害別人才是；
做喜歡的自己並不自私，
討厭你做自己的人才是。

人一生會遇見很多人，
遇到看得慣你的人就多珍惜，
遇到看不慣你的，沒了關係真的沒關係。

中學時，我有一位什麼都能聊的摯友，有時會討論前晚的電視節目，有時會討論感情的困擾，也經常會交換人生尚未到來的煩惱。那時覺得，我們之間的友情應該會長存，是那種會陪著走到人生晚暮的友誼。

後來沒再聯絡的原因，不是因為畢業後彼此各奔東西了，而是某次發生在我們之間的誤會。

那一次，我照慣例約好幾天後要去找摯友，隔沒幾天卻有另一位朋友臨時約我。當下我沒想太多，就跟摯友取消固定行程。

從那天開始，我那位摯友似乎刻意對我冷淡，彼此聊天時也不再像之前一樣熱絡。當時我並沒有想太多，認為應該是即將面臨的聯考壓力所導致。爾後隨著大考日期逼近，我的心思也逐漸放在終日準備考試上。畢業後，這段友誼就此斷了聯繫，只是那時我還不知道真正原因。

是在出社會後的某天彼此聯繫上，對方才在電話中告訴我，那次臨時改約定的事件，讓他有遭人離棄的感覺，甚至覺得我當時很自私。

現在想起來，只能說我的神經實在太大條，或許我的行為真的損害到這段友誼。

然而，自私？這是一個很重的詞，我聽到對方那樣說時有點訝異，也讓我不禁疑惑，當時的我臨時改跟另一位朋友見面，到底是在做自己，還是真的自私？

做自己跟自私之間，存在一個說不清楚的模糊界線。做自己通常是獨自一人就能實現的事，但自私則是至少要兩人以上的「共識」才能形成。當你的行為無法獲得別人的認同跟諒解時，就有可能被歸類為自私的人。

然而，在不違法的前提下，什麼樣的行為算是自私呢？

顧著自己的利益而犧牲別人的權益，算是自私嗎？

不顧旁人的眼光去做別人不認同的事，算是自私嗎？

希望對方犧牲自己來成全彼此，算是自私嗎？

秉持著「為對方好」而強迫對方做某件事，算是自私嗎？

若因擔心對方誤入歧途而干涉，好比父母知道小孩做某件事將來肯定會後悔，這樣的親情算是自私嗎？

生死攸關時不顧其他人率先逃離危險現場，算是自私嗎？

或是像這一則國外新聞：高齡七十多歲的先生，把房產留給十歲的孫子而非自己的妻子，他算是自私嗎？

拒絕一件你原本答應的事情，算是自私嗎？

這些問題，我不會知道你的答案是什麼，但我很肯定的是，沒有一題的答案能取得所有人的共識。

判定他人的行為自不自私，本身就是一種自私的行為。一個人認為做一件事的合理性，對另一個人來說可能變成毫無道理。評斷某個人做某件事的標準，會隨著我們自己從小到大的成長背景、遭遇，還有相信過的人、被背叛過的經驗，而有所不同。

簡單講，自不自私，很多時候是各自表述。也因此，我們如何掌握自己跟

別人之間的**界限**，至關重要。

根據心理學的說法，界限存在的意義是為了維護個人或群體的完整性。而界限的重要性，在於它有助於我們做到課題分離——管好自己的事，不過度干涉別人的事。

關於界限，我是這樣理解：想像你自己擁有一座花園，那片土地上種植你最喜歡的花草跟樹木，你也歡迎任何人前來造訪。而在花園深處有一間房子，走進屋內會看到牆上掛著幾幅畫跟許多照片，旁邊還有一整排書櫃，角落則放著一張書桌。

那是一間打從你出生就存在的房子，當你待在裡面時會特別有安全感，旁人若是沒有經過邀請，也不能隨意踏進房間。

這一間獨屬於你的房子，室內裝飾可能簡單樸素，也可能彩繪繁複，端看你個人喜好的風格。而在角落那張書桌下，隱約可見幾個抽屜，裡面存放你最隱私的物品，那些抽屜別人就算走進屋內也無法一眼瞧見，你也不願意他們隨便看見。

如果世上真有這樣一間房子，那麼它應該存在你的心裡。

從心理學的角度來看，花園就是你願意讓旁人知道的自己，是你的外表、打扮跟言行舉止。房間則是別人需要獲得允許才能知道的你，是你的內心。牆上的書跟照片是你的人生經歷，書桌是你書寫人生回憶的地方。而那隱隱約約的抽屜，是你心中最深的幽谷，藏有屬於你的私密故事。

想想看，你會怎麼讓別人認識那座花園跟房間？我想，花園是需要好好介紹的重點，因為那是你給別人的第一印象。

然而，我想你也不會隨便就讓別人走進你那間房子，如果有人擅闖進來，你更會隨即把對方趕出去；至少你不會款待魯莽走進來的人，是吧？待在房間裡之所以會有安全感，正是因為房間和外界的區隔非常明確，四周有著能夠保護自己的牆壁——而那些牆壁，正是我們跟其他人的界限。

只是，現實中我們無法把界限定義得如此清楚，甚至當你忘了設定界限時，有些人還會恣意地闖進你的房間，試圖窺探你的隱私，干涉你怎麼過生活。

比如當你不懂得拒絕別人時，就是忘了設定界限。當你總是用別人的眼光來決定自己的人生方向時，也是忘了設定界限。當你做自己想做的事，而且不會影響到他人，卻依然糾結於別人如何評斷你時，就是忘了設下自己跟別人的界限。

我們都該有自己的界限，而且不應該那麼輕易就被打破，除非我們自己先模糊了界限，允許別人任意闖入自己心中那間房子。

/

其實，一個人自不自私，並非某一方說了算。

當你真的是為自己的人生著想，而且不會傷害到人，就算被對方說自私也無妨。畢竟，一個說別人自私的人，可能只是反映出自己無法理解對方的行為而已，又或者只是擔心對方的行為會影響到自己的利益，所以先一步限制對方。若真如此，何嘗不也是自私的想法。

況且，有時就算你站在對方的角度著想了，對方還是有可能認為你自私。當你好心幫忙，也可能有人說你別有企圖；當你沒有站出來關心一件事，也可能被人說是冷漠無情。

只做自己的事，被人說自私冷漠；做了別人的事，被人說自私搶功勞。沒說話嫌你想法太少，常發言嫌你意見太多。能被視為自私的理由實在太多。

這世界就是這樣，有多少張嘴就有多少意見，有多少雙眼就有多少見解。我們不認為自己是自私，不代表別人也就認為你不是。

人生不容易，畢竟無可避免要摻進別人的想法，但除非你願意為自己好好地活，否則那些偶爾煩心的事，會變成煩惱你一輩子的事。

設下自己的界限，而不是讓別人貿然闖進自己的界限。**設定界限並不是在排斥其他人，而是懂得去愛真正的自己，懂得做更喜歡的自己，主動為自己的**

行為負責。

有了界限，你也才能掌握自己人生的邊際，成為一個完整的自己，在這緊繃的世界之中，維持自己生活的鬆弛。界限之外，好好相處；界限之內，做好自己。

要知道，會因為你設下界限而討厭你的人，其實正是你需要用界限保持距離的人。做喜歡的自己從來就不是自私，討厭你做自己的人才是。

／

回想那段友情，年輕時的我在人際關係裡確實比現在粗心許多。只是我必須坦承，或許那樣的友誼，本來就不是我會尋求的朋友關係。

一直以來，我都認為朋友不需要多，好朋友一輩子有幾個就夠。對待好朋友，最重要的是把彼此放在心上，就算有一陣子沒聯絡也不至於影響友情。

我想像，一段友情就算許久未碰面，彼此依然用心過著自己的生活，當某一天相約聚會時，開心地聊著各自的成長，脆弱又堅強地分享自己遭遇的困境。在一段又一段的對話中，彼此都走進熟悉的回憶裡，重溫過去的生活，也沉浸在單純的時光中。

從我自己的角度來說，年輕時的我看待那段友誼，確實就是抱著這樣的心態。我認為錯過一兩次碰面，並不會危及雙方的友誼。如果要成為人生摯友，我認為對方能夠理解。

當然，這是我自私的想法，我得承認；但這也是我想要的友誼，我也要對自己坦承。

我能理解，不是每個人對於交友的價值觀都相同，站在對方的角度想，我當時確實擱置了朋友的感受，甚至可能錯過第一時間的解釋跟彌補，才讓那段友情的裂縫隨著時間擴大。

只是，我想即便重來一次，我應該還是會臨時取消原先的會面，轉而跟另一位朋友碰面。因為我知道，如果我真的礙於人情壓力而違背自己的心意，我在心中也會種下不情願的種子。

當友誼被情緒綁架，之後只會漸漸變成契約的交換而已。我為你犧牲這個，所以你也要為我犧牲那個，雙方不是因為認同而結識，而是因為人情的債務才往來。

那樣的友情，已經在我自己的界限之外，不是我要的，我不是在成為想要的自己。

生活是自己的，每個人都不同。
日子不同，習慣不同，喜歡穿什麼、吃什麼、做什麼，不可能都一樣。

放過自己，別跟過去的事過不去

艾・語錄

別跟過去的事，過不去，
別將無法控制的事，抓太緊。
人生的痛苦，
往往來自我們想控制無法控制的事。

其實，無論過去發生什麼，好的壞的，
我們都已成為夠好的自己。

記得，遇到難過的事要放過自己，
遇到無力的事要勉勵自己；
順其自然並非逃避，
是為了追求自己內心的平靜。

三十歲前，我對這句話有些反感：盡人事，聽天命。

我認為，人怎麼可以把努力後的成就或失敗，牽扯到無形的「天命」上？若真如此，豈不是將自己的懈怠和不努力，歸咎於天意的不成全，這何嘗不是一種受害者心態？

我心想，如此消極的思維勢必會侵蝕一個人的積極性，在做任何事情前，都會先留下一條後路，彷彿一座預先建造好的避風港，當成果不如意時就可以躲進這個藉口之中——反正自己就是沒那個命。

然而，年過三十後，我慢慢體會到「盡人事，聽天命」的真正涵義，並意識到自己對這句話的理解順序顛倒了——我把焦點都放在前面的「盡人事」，從而忽略後面「聽天命」的道理。雖然在做法上確實要先盡人事再聽天命，但在思維上，我們應該先懷有聽天命的態度，然後才去盡人事。

一個原因：單就「盡人事」這三個字，對許多人來說形同走向「情緒耗竭」。

那是發生在我眼睛出現健康狀況前不久的事，公司臨時加派任務給研發團隊，要求我們在最短時間內解決客戶遇到的問題。身為主要負責的工程師之一，那陣子我比平時更晚離開辦公室，回到住處時經常超過午夜十二點。

如今想起來有些酸楚的是，縱使那時我已經是在辦公室待到最晚的人，離開時依然懷有愧疚感，覺得產品的問題尚未解決，自己還有心力就應該繼續留在公司，否則就是沒有盡力。

對於當時二十多歲的我來說，平日熬夜造成的身體負擔並不明顯，假日多睡一會就能恢復。然而，體力不支時至少會出現過勞的現象，情緒的消磨卻沒有痛覺，也沒有客觀標準。那是一場自己跟自己的內耗，端看我們何時肯放過自己，能夠喊停的人永遠只有自己。

那幾天，我一直處在「凡事要盡力」的自我期待中，每天持續工作到深夜。最終，雖然順利在期限之內完成公司的要求，我對那份工作的排斥感卻蔓延到生活裡。我開始對自己的人生感到不滿，而且是帶著怨恨的不滿。

從心理學的角度來說，當一個人出現憤世嫉俗的心態，開始對生活周遭事物感到厭煩時，很可能就是捲入了情緒耗竭的漩渦裡。會漸漸變得易怒，時常筋疲力盡，有沉重的無力感，變得冷漠、防衛心變重，認為生活與自己脫節。

那陣子，我就是幾乎看什麼都不順眼，容易對小事動怒，看沒幾則新聞就會在心中謾罵。我知道自己的情緒不太穩定，但就是無法讓自己平靜下來。

所以，做事情確實要盡力做到好，但什麼才算是「好」？每個人的標準都不一樣。所謂的盡人事，會不會最終成為一個榨乾自己身心的原因？

／

對於「盡人事，聽天命」的解讀，真正改變我想法的一刻，是我從加拿大魁北克旅遊回來之後。這段歷程我於著作《在不完美的生活裡，找到完整的自己》裡提到過，當時我們打算趁著去機場前的空檔，坐在山坡上等待夕陽，無奈天空烏雲密布，夕陽全被厚厚的雲層遮蔽了。

那時我原本想堅持到最後一刻才走，因為既然來了就應該「盡力」看到才行。只是眼看烏雲遲遲不肯散去，我便提前回飯店收拾行李要前往機場，至少搭機前還能悠閒地在機場閒晃。

誰知道，我們才剛把行李搬上計程車，天空彷彿意識到我們已經離去，因此抹除了烏雲，從雲縫中映射出令人驚嘆的夕陽。瞬間大地被染上了橙黃色，搭配遠方紅黃相間的楓葉山脈，當下猶如置身夢境。

遺憾的是，我人是在前往機場的路上，而非視野絕佳的山坡上。

錯過如此難得的夕陽，起初我很懊悔自己為何沒有堅持待到最後一刻。但後來我醒悟，不是我沒有堅持到最後，而是我的努力剛好沒有排進上天的時程而已。我不該責備自己，反而應該感到慰藉，慰藉自己有所努力所以不須感到惋惜。

我想起訪談節目《心靈燈塔》中提到的一個比喻。節目中若林正恭與星野源聊到，一個人如果遇到難得的機遇，其實就像是上天落下一場大雨淋在那個人身上。

然而若林正恭接著說，那場雨看似上天飄過來落在那個人身上，但真正的情況應該是，他先默默地朝著一個方向努力走著，某一天就**走進了**那場大雨之中。是大雨突然就下在那邊了，跟那個人一開始往哪個方向走無關，他只是在努力不懈的情況下，剛好走進了那場大雨裡。

換言之，有努力就好，因為有努力我們才會向前邁進，也才有可能走進落下大雨的區域。至於大雨會下在哪裡，是不是下在你前進的方向，我們無法決定，這只能聽天命。

所以，凡事先聽天命，再盡人事。先聽天命，表示在行動之前就尊重這個世界運行的規則，理解有一個遠比自己還大很多的現象早已有所安排，放下自己想要控制結果的念頭。

至於盡人事，就是儘管做好自己的事，而且是專心一意地去做，不用期待上天是否會安排，也不用懊惱上天為何沒有安排，把心思放在自己的生活中。順著自己的心，走好自己的路，坦然面對這無法理解的世界，為即將到來的日子努力，而不是跟已經過去的事情過不去。

我曾於著作《你，很好》中寫道：「凡事都有好的一面，但你要先為自己主動翻面。」當年我正是想表達此處寫的想法——**事情的好壞並不是我們所能控制的，我們能控制的是自己面對這些事情的反應**。而且無論結果如何，事情發生之後我們都有得選擇，可以選擇對自己有利的那一面，可以選擇用堅強的心智面對，尋找其中的機會茁壯自己。

/

就在我寫這篇文章的當下，諾貝爾醫學獎公布二〇二三年的得主，是由生物化學家卡里科及醫學家魏斯曼共享這份殊榮。他們研發的 mRNA 技術後來被應用在新冠疫苗上，造福全世界。

然而，兩位學者在九〇年代對 mRNA 產生興趣時，被人認為是走向醫學的邊陲地帶。魏斯曼教授在受訪時就提到曾有人告誡他：「為什麼不把時間用在一些**有價值**的事情上呢，**mRNA** 永遠不會奏效。」

後來，人類遇到那場撼動世界的疫情浩劫，而兩位學者貢獻的技術挽救了無數人的生命。如果他們在研發 **mRNA** 的初期就放棄，覺得那並非當時醫療主流技術，疫情的影響恐怕只會更加嚴重。我相信兩位學者並不希望人類遇到這場浩劫，不過這也提醒我們，你永遠不會知道此刻自己正在做的事情，會在將來的什麼時候產生效益。

常聽聞，人算不如天算，聽天命就是順服於天算。然而，縱使所作所為不如天算，也不代表不須人算，我們還是要盡力做好當下自己該做的事，做好能做的規畫，同時理解再怎麼努力都會有個限制，只是這個限制不是你當下能預估，結果最後會如何，相信自有更好的安排。

聽天命，盡人事，這是一種對自然奧妙的尊敬跟臣服，了解世間萬物是一個複雜的系統，與其抗拒地想要釐清，不如謙虛地接受自己只是其中微小的一分子。

不控制無法控制的事，控制自己能控制的事，這是對自身的一種期待，也

是對現實的一種釋懷。了解在這難以預測、什麼事情都可能發生的世界之中，我們只管走好自己的旅程，過好自己的生活。或許有一天，那場雨就會下在你持續前進的路上。

有努力就好。可以期待更好的自己，但不要因此為難自己。

知道自己想要什麼，很重要

艾・語錄

努力，不是為了要給別人好看，
而是為了證明給自己看。

用心把自己的生活過好，
而不是被遇到的壞事打倒。

人一生，始終是由自己陪著一起往前，
你喜歡怎樣的自己，
永遠比別人喜歡怎樣的你，來得重要。

如何知道自己想要什麼？年輕時，我以為這是跟「追尋」有關的事情，但現在我認為更多是跟「過濾」有關。這不僅是對生活目標的選擇，更是看待人生的態度。

一天，為了裝潢而去挑選家具，遇到服務我們的業務經理是 Vee。Vee 對自己的工作內容很熟悉，也有耐心地解答我跟家人的各種疑問，還沒簽約前就主動幫我們設想更好的做法，並且繪製示意圖協助我們想像家中未來的樣子。對某些人來說，她應該做了許多不必要的功夫，但對我們而言，卻是令人感到安心的服務。

到了簽約那天，我實在按捺不住自己的好奇心，於是開口問 Vee 從事這行多久的時間，一直待在這家門市工作嗎？為什麼會想做這份工作？

Vee 用一貫平靜的語氣回覆我，之前她是在別的家具行工作，近幾年才轉到這家專營進口家具的品牌，前前後後待在居家產業約莫二十年。此時，我的寫作魂早已被召喚出來，便抱著好奇心繼續問她：如何長期做好一份工作？

說實在，我原本預期會得到制式的回答——不外乎勤奮努力、工作細心、要把客戶當自己人這種常聽見的答案。畢竟對她而言，我不過是眾多的過客之一，一般家庭很少會在短期之內添購第二套家具，甚至一輩子就只會購買一套而已。

然而，Vee的回答完全出乎我的意料。她說，想要做好一份工作，應該是要自己**喜歡**那份工作。

我聽完有點訝異。這說法我當然認同，也並非第一次聽過，只是我通常都是在演講或書籍中聽到跟讀到，像這樣隨機從某個人口中直接聽見，對我來說是頭一遭。

在後續閒聊中，Vee跟我分享自己是一出社會就對居家產業產生興趣。雖然前後換過幾次不同的工作，但始終待在居家產業裡，後來輾轉投身家具行業。她認為，如果不喜歡居家相關的工作內容，她不會做那麼久，也很難做那麼久。

我想許多人對一句話應該不陌生：要知道自己想要什麼，要先知道自己不想要什麼。然而，這句話**不表示**你知道自己不想要什麼以後，就會知道自己想要什麼，除非你是刻意且有順序地篩選。

知道自己想要什麼，是一段過濾的過程。在過濾的過程中，我們不能只是漫無目的地追尋，否則就只會在有限的生命中虛耗時間跟機會。過濾，應該是一個**刻意的選擇**，背後應該有一個你自己想要的目的，應該要有一個邊際。

╱

過濾自己的目標，代表你掌握自己的邊際；掌握自己人生的邊際，則可以換來生活的踏實。

在科技業那幾年，我雖然不喜歡工作的內容，但還是會自發性地在公司待到十點以後才離開，凌晨回到住處的日子也不少。

之所以工作到那麼晚，一方面是我想趁年輕時加快累積工作經歷；另一方面，觀察同事和其他一樣在科技業工作的同學，超過十點下班幾乎是常態。所以，我很早就認定——或是認命——朝九晚五的情況不會出現在我的工作中。

不過，認定歸認定，並沒有燃起我對這份工作的熱情。我之所以有動力度過每一天，是背後有一個單純的目的：我想要擁有更多的收入，進而擁有更多的自由。擁有收入是我的目標，努力工作是我採取的手段，擁有自由才是我真正的目的。可是，如同前文所說，我的人生後來沒有照自己的計畫走，而一切也在離職後變了調。

離開公司後，某種層面上我實現了當初想要的自由，能夠隨意安排自己的工作時間。只是，沒有規畫下一步的我也頓時失去了工作目的，心不在焉地過日子。我的目標依舊不變（想擁有足夠的收入），我的手段依舊合理（要持續努力地工作），但我的目的卻消失了。我看似可以隨心所欲，卻也喪失追求目標的意義，失去了執行手段的動力。

這感覺很矛盾，當初被工作困住的我渴望獲取自由，卻在擁有工作的自由之後反而被困住。

所以，在追求喜歡生活的道路上，我們不能只是無意義地追尋，還是必須有一個目的來引領自己。這個目的會為你的生活圍出一個邊際，成為你分辨喜歡什麼跟討厭什麼的基準，知道哪些事情要盡可能把握，哪些事情可以放心錯過。

久而久之，這個邊際也會形成生活中的踏實感。你會知道自己每天為了什麼而活，也會知道自己該如何取捨，直到某天你需要再次突破邊際的時候。

要知道自己想要什麼，必須先知道什麼對自己**很重要**。這個重要的事物在人生各個階段也許不同，對現在的你來說，或許是錢，或許是時間彈性，或許是生活要有變化跟挑戰，或許是職涯發展要繼續攀升。

可以肯定的是，生活中不可能每件事都很重要，你也不能每個都想要，你應該過濾出當前對自己最重要的那一個。

／

那天沒有時間再跟 Vee 繼續聊，不然我心中其實還有一個問題想問：過去她是否有考慮過更高收入的工作？我的意思是，如果有另一份跟居家產業截然不同的工作，而雇主願意支付她更多的薪水跟獎金，她是否願意轉行？以她的工作能力跟心態來說，我認為應該足以勝任許多不同類型的工作。

我片面猜想，就算遇到更高收入的工作機會，只要不是跟居家產業有關，她應該也不會去做；或至少，聘僱她的人需要付出優於市場的代價，才能交換她對於居家產業的熱情。

當然，我不是她，這些純屬我的猜測。

不過我願意相信，當人做一件事背後的動機是出於自己想要的目的時，你會知道什麼才是重要的事；過程中的目標、期盼擁有的收入，以及願意付出的努力，都會自動跟你內心的目標對齊，引領你去過上自己想要的人生。

用心過好現在的日子，一點一點過濾出喜歡的生活。

人生是自己的旅程，你不必取悅任何人

艾・語錄

身為人，要不在意別人的眼光很難。
我們會好奇別人怎麼想，也會在意別人怎麼看；
會希望得到認同，也擔心會被人傷害。

然而，你在別人眼中是什麼樣子不重要，
重要的是，你在自己心中是什麼樣子。

真正的快樂，都是自己給的。
無論你現在的生活如何，遇到什麼困難，
你永遠是自己最需要關心的人。

有句話你應該聽過：不期不待，不受傷害。意思是，如果對一件事抱著過高的期待，最終結果不如意時，心裡反倒受傷。與其如此，不如一開始就不要抱過多的期待，之後發生什麼事也不會傷到自己。

聽起來有道理，既然事情結果有可能不如預期，何不把這句話當作心靈上的出口，放過自己，也不再糾結。然而，如果因為害怕失去而不再期待，或是因為害怕失敗而不採取行動，有沒有可能最後變成一種鴕鳥心態？

可是，若抱著過多的期待，的確更容易受傷，不是嗎？

我年輕時偶爾會想這個問題，比較偏向應該還是要對事情抱著高度的期待，只是也因此被現實撞得滿頭包，撞出很多無奈——好在，那時還年輕（年輕萬歲）。不過你大概也能意會到，這其實都是在思辨，而且不會有確定的答案。

要搞清楚該不該抱著期待，以及要抱多大的期待，掌握那種既可期待又**不會**受傷害的朦朧，就只能轉往更上一層的解讀。

關於期待，學者思考的角度就比一般人廣了。根據研究，人的期待還可以再分為兩種：一種是普遍期望，另一種是特定期望。普遍期望可歸類為我們對自身的期待，一個人對自己的普遍期望愈高，表示愈認同自己，愈正向樂觀看待發生在自己周圍的事，對自己愈有自信，愈有勇氣面對不確定的事情。

至於特定期望，則是我們對特定事件抱持的期望，會期待那件事能夠往想要的方向發展，或是期待過程中發展順利。這是人之常情，只是那股期望也會反射回來映照到自己身上，事件結果的好壞也因此影響我們心情的好壞。像開頭提到的「不期不待，不受傷害」的道理，就更接近人對一件事的特定期望。

舉例來說，像是在乎自己留給別人的印象、在乎自己在會議中的表現、站在臺上時不自覺揣度別人怎麼看自己，以及過度衡量做一件事最後的成敗等，這些都屬於人對一件事的特定期望。

然而，這些事情的成敗往往不是自己所能控制的，因此當我們把特定期望附加在這些事情上時，最後受傷的可能性也愈高了。

你可以這樣想：每個人都位處自己生活圈的中心點，普遍期望是箭頭朝外看出去，特定期望則是箭頭向內對著自己。箭頭向外好比我們對外部世界的探索，始終以自己的感受為出發點；箭頭向內則彷彿一支支鋒利的弓箭，每一個箭頭可能都是一個特定事件、一位特定的人對著自己，可想而知受傷的機會更高，待在中心點的你也比較沒安全感。

簡單來說，當普遍期望主導時，我們更在乎自己會成為什麼樣的人；當特定期望主導時，我們更在乎別人希望自己是個什麼樣的人。

因此，什麼是「不期不待，不受傷害」呢？就是要試著降低自己對外部事件的特定期望，然後拉高認同自己的普遍期望。以阿德勒心理學來說，是做好課題分離；以佛學來說，是放下對事物的執念；以斯多葛主義來說，就是不要想控制你無法控制的事。

這樣想，我年輕時的看法好像也算合理。那時的我還年輕，對未來較無知卻也更樂觀，對自己更有自信。我對自己的普遍期望比較高，所以覺得應該要多期待事情的發展。

但是，就像你我生命中必經之路，人生總要在見多識廣後，或是先跌撞個幾次，才能漸漸明瞭自己的能耐在哪裡，掌握處事應有的邊際，還有自己真正需要在乎的是什麼。

隨著時間推移，人會漸漸學會把自己擺在適合的位置，用更正確的方式看自己，也更懂得善待自己。我們都可以成為想要的自己，但又不對這個世界抱著錯誤的期待。

不期不待，並非真的不在乎了，而是明瞭有其他的事更應該在乎。知道人生就是一段自己的旅程，不用對這世界抱著錯誤的期待，不需要花時間去取悅外面的人。知道自己生命中有些人與事更需要我們去關注，這些人與事對自己的重要性，遠比外面其他人怎麼想、怎麼看還重要。

而且是重要好幾千倍。

PART 2

人生這條路

此刻的日子好或不好，都是即將過去的事，
重要的還是接下來你打算去哪裡。

際遇不好沒關係，人生不用一開始就很厲害

艾・語錄

一個人的動力，最怕被人潑冷水。
然而，當一個人用心做事時，
只有同樣願意努力的人才懂。
都是這樣的，立場不同，看的角度也就不同。

其實，懂你的人，會用你在乎的方式理解你；
不懂你的人，只會用他習慣的方式誤解你。
要知道，你無法控制別人怎麼想，
但別人也無法干涉你怎麼做。

世界很大，沒那麼多感同身受，
我們不需要讓人看得起自己，
我們只需要做到對得起自己。

回顧求學時期，國三那年是我最鬱悶的階段。

升上國三時，我有幸擠進學校的重點升學班，但後來的成績始終不見起色。眼看聯考日子逼近，同學備考起來個個得心應手，我的心情更是忐忑。成績雖然不至於落在全校末段，卻不符合班導師對升學的要求。

某次段考成績揭曉時，成績單發到最後都還沒叫到我的名字。正當我疑惑時，班導師突然斥喝地喊出我跟另一位同學的姓名，要我們起身站在座位旁。

至今那畫面依舊歷歷在目。整間教室一片沉寂，其他同學都坐著目視前方，只有我們如同柱子般嶽立在座位旁，當下兩人的存在顯得特別彆扭。而班導師接下來說的話，更是令我感到無地自容：

「你們兩個人的**名字**聽起來都那麼有學問，怎麼卻都考得那麼差？」

班導師的話剛說完，我先是頓了半晌，接著就感覺一陣羞愧從腳底蔓延上來。那句話彷彿一支離弦之箭，在穿越空氣的同時被賦予重量，鑽進我的靈魂，直刺我的內心。

「是呀，爸媽幫我取了一個好聽的名字，怎麼成績卻考得那麼差……」我當時忍不住在心中如此默答，同時覺得自己對不起父母。

而班導師的那番言論，下課後也不斷在我心中回放，彷彿有人拿著鐵鎚，不斷想把這句話釘死在我的心上。即便此刻回想起來，我的心跳依然加快，手心微微冒汗。

或許，我真心希望只是或許，那時班導師因為求好心切，希望我們徹底醒悟，才對我與那位同學說出如此重的話。是等到長大成人以後我才開始明瞭，原來當時在我內心深處，好像某一部分的人格被否定了，被人用了某種我尚未能理解的方式否定。

我無意對身為教師的人不敬。學生時期，並不是我遇到的每位老師都是如此，求學路上我特別感謝某些老師的細心呵護與教導。但正是有了這兩種極端方式對照，我才在後來漸漸明瞭，一位老師能對學生造成多深遠的影響，無論好或壞。

那一年對我來說並不好過，家中遭逢巨變，成績始終不見起色。幾個月後聯考結果放榜，我的成績不知該說是符合預期或不如預期，總之沒有資格進入理想高中就讀，分數也比學校模擬考時低了不少。那時我不懂什麼是人生計畫，但就算懂，也不會預期人生的發展會在升學上受挫。

至今我依然困惑，「升學是唯一出路」這類價值觀，自己是從何時開始就被植入，在還來不及判斷是否正確之前，就認為升學不順利等於人生失敗。不過在當時以升學為主的時空背景下，我確實以為這輩子就只能這樣了。因為沒考好而偏離升學軌道，彷彿隻身走入未知的叢林裡，恐懼將來的出路不盡理想。

是直到七年後考上交大電信研究所，我對自己的信心才慢慢恢復。巧合的是，那年也出現一件讓我心態有重大轉折的事——我在校園中遇見以前升學班的同學。

/

當一群成績都很好的人聚在一起時，就會分得出哪些人的成績還不夠好，我國三所處的班級就是如此。

一群學生因為國一、國二成績突出而被編進重點升學班，分班後有些人的成績依舊名列前茅，有些人只好敬陪末座。而我後來在研究所校園遇見的那位同學，就是分班後成績依舊排名在前段的人，他是優秀中的優秀，國中畢業後也耳聞他順利考上第一志願。

其實，在碰到那位同學之前，我早已淡忘國中升學考失利的缺憾。或許是考取研究所給了我信心，也或許是害怕成績再次不理想，我那時的心力全放在研究所課業與碩士論文上。遇見他的當下，我第一時間並沒認出他是我的國中同班同學，等到與他擦肩而過時，我才驚覺怎麼會在這裡遇見他。

不對，是我怎麼會跟他在同一所學校就讀？

不，還是不對，是原來我繞了一大圈，終於回到了當初希冀的人生軌道上。

那一瞬間，我有了全新的領悟。**原來人生的際遇，不用因為一兩次的結果好不好，就斷定接下來的路好不好。**如同讀一本小說，你不會知道小說的下一頁將發生什麼事，也不會知道作者在這一頁埋下什麼伏筆，等著讀者自行在後面揭曉。縱使猜得到故事情節，但只要書寫小說的文筆風格一經變化，讀者體會到的感受也就完全不一樣。

人生，何嘗不是如此。你我每個人都是自己人生的創作者，腳下踩的每一步，都如同在書中落下的每一個字；過的每一天、每一月，都如同書上的段落與章節。劇情要如何發展與轉折，都有機會掌握在自己手中。

我很喜歡的一句話，出自小說家佩內洛普・菲茲傑拉德所寫的《離岸》：「你學過的每一樣東西，遭逢的每一次苦難，都會在人生中的某個時刻派上用場。」之所以如此喜歡，或許是因為真的在我身上印證著。

如同研究所畢業後，我沒有跟多數同學一樣選擇國防役到職場工作，而是選擇服一般兵役，看似一年半的時間就這樣虛耗掉，卻也因此培養出我後來面對困境的能力。努力工作幾年，看似正要步入職涯上升發展期，卻選擇離職創業成為自由工作者，再憑藉之前在公司養成的工作習慣，逐漸摸索出自己真心喜歡的工作。

此外，我生命中一連串看似有違常理的抉擇，都巧妙地成為我後來書寫的養分，即便我根本沒料到會以寫作為職。

一件事的結果，選擇是一部分，過程也是一部分；際遇是一部分，努力也是一部分。我們當初做的選擇，只決定了事情是如何開始，至於結果會如何，端看自己在過程中的努力。

人生漫長，不用一開始就很厲害。無論你現在處於什麼階段，過去做了什麼選擇，你的時間都還足夠。此刻的日子好或不好，都是即將過去的事，重要的還是接下來你打算去哪裡。

／

那天在校園裡認出國中同學時，我沒有轉頭向他打招呼，畢竟當年在班上並沒有和他說過幾次話，想必當下他也沒認出我來。與他錯身後，我看似若無其事地繼續前行，心中其實早已按捺不住情緒的起伏——一來是感謝國中畢業後的自己有多努力，二來也體會到人生歷程的微妙。

「凡事都還有機會，凡事只要努力就還有可能。」

我當時在心中不斷默誦這句話，想把當下的躁動用力刻寫在記憶裡，想拿一把鐵鎚把這句話釘在心上。

迷惘時，弄懂自己而不是弄丟自己

艾．語錄

有些事情難以理解沒關係，
或許你原本就不需要理解。

有些人合不來沒關係，
你不用得到誰的認同，
依然能去過想要的生活。

人生，是該追尋生命的意義，
但不是為了弄丟自己。
人生，是該突破生活的困境，
但不是為了困住自己。

人生迷惘時該怎麼辦？某次我在演講後的問答時間被問到這個問題。我當時給出一個看似平凡的答案：當你在人生某些時候卡關，或是想不通一些事情時，就去吃好、睡好，做一些會讓自己快樂的事，等到有力氣時再回來面對這個煩惱。

這是我自己的體會，也是我在某幾年度過人生迷惘時所採用的方法。在那幾年，我不時深陷「追尋人生意義」之中，偶爾對工作與生活喪失動力，疑惑自己正在做的事情，是否如同想像中有意義。財務上看似穩定了，但難道人生就只是要追求財務穩定嗎？工作上也算是找到喜歡做的事情，但難道不該再對這個世界盡一份心力嗎？

後來我察覺到，這類型的問題永遠不會有解答。無論是想繼續追求答案，或是暫時看開再也不去想，都要認知到：尋求人生意義的過程，本身就是一場永無止境的探尋。這類問題看似找得到答案，實則摸不著邊際。

說起來，人類之所以會陷入煩惱，或許都是自找的。

我曾在探討演化的文獻中讀到一種說法，有關人類為何會被鮮豔花草吸引的原因。照理說，沒有人天生就知道花草的種類，但似乎人類與生俱來就有欣賞花草的能力。

演化學者認為，早期人類在發展出高度智商之前，可能如同其他地球物種一樣，對美的感知與鑑賞力尚未覺醒。然而某一天，我們的祖先——或許是一隻正在覓食的黑猩猩——無意間被一朵鮮豔的花吸引，因此把路上的花草視作路標，想藉由繽紛的花色記住食物的位置。

總之學者猜測，人類始祖可能因此對鮮豔的花草產生所謂的好奇心。也就是這個好奇的念頭，人類漸漸有了思考的能力，開始有更多探索這個世界的動機，開始會想問：「為什麼？」

從此，人類也可能就有了煩惱。

當然，演化上的進展大多只能想像，但確實有很多學者是以類似方法推測人類意識的來源。比如在《改變你的心智》這本書中，作者提到我們的老祖先可能是某天誤食迷幻蘑菇，幸運地沒有死去，進而產生幻覺，也才開始產生所謂的意識。

有了意識，人類因此跟其他物種漸漸拉開生存優勢，但也留給自己煩惱的空間。我們不再像動物一樣靠著本能吃喝拉撒睡，而是會講究如何吃、喝什麼、在哪裡睡；夜晚仰望星空時，不再只是看著星星，還會思考宇宙的盡頭在哪裡。隨著新科技問世，現代人的世界裡有更多可以好奇的事情，也有太多機會去思索「為什麼」，大腦也就有許多的煩惱駐足。

你說，這一切停得下來嗎？我覺得不可能，因為我們都是人，而人不可能沒有煩惱。

每個年齡，都可能是人生的一道關卡；二十有二十的煩惱，三十有三十的躊躇，四十有四十的困惑。那些原本想不透的事，似乎沒有因為歲月而變得清晰，卻因為時間不斷推進，舊的問題尚未解決，新的問題已在排隊。

然而，**時間給人最好的指引，就是告訴我們不要為了找到答案，困住了身**

心，弄丟了自己。

有時候，我們會以為無法從迷惘中脫身，卻在某個時間點突然醒悟——不一定知道為什麼，但就是對某些以往糾結的事情有了全新的看法。彷彿時間終於試到那把對的鑰匙，就這樣旋開了原本困住自己的門鎖，你也因此走了出來。

當你開始對某些事感到迷惘時，並非就是不好的象徵，那反而是你更加認識自己的機會；而能夠認識自己，我們也才會認同自己。要緊的是，當你察覺好像漸漸要陷進去的時候，要有方法讓自己走出來。

畢竟，追求意義的目的不是為了困住自己，而是尋求對自己所處世界的一個解釋，重點還是為自己找到力量生存在這世上，弄懂自己應該在乎什麼，而不是弄丟自己的人生。

迷惘時，就去吃好、睡好，做些讓自己快樂的事情。等到心力恢復後，再繼續踏上這趟或許沒有解答的旅途。

迷惘時，陪自己尋找答案，多聆聽自己的心聲。

用心打理生活，而不是到處打聽別人的生活

艾·語錄

日子再好，也有需要煩惱的時候；
日子再壞，也有值得開心的地方。
或許，值得慶祝的好事不常發生，
但令人愉悅的小事每天都有。

用心打理自己的人生，
因為生活會好，不是它自己變好，
是你先把日子過好；
時間有限，永遠不要因為明天的煩惱，
錯過今天已能擁有的平靜。

你羨慕過別人嗎？

或者我應該問：你遇過誰，從未對他人產生過羨慕之情？事實上，羨慕或嫉妒的情感深植在你我的人性裡，一個人或許可以抑制自己不去羨慕別人，但那終究是需要克制的念頭。

不過，這正是身為人類的優勢：我們可以經由練習讓自己成長。雖然我們無法克制羨慕別人，但有辦法練習管理這方面的情緒——不是為了其他人，而是為了自己。

畢竟，有時候羨慕或嫉妒某一件事，到後來會發現根本不值得。一來，你無從得知對方在背後付出多少代價；二來，你羨慕的只是被過度簡化的表象，並非實際情況的全貌。

而只注意表象卻忽略背後的代價，在這時代非常危險。

國外曾有一篇報導，揭露了電影中飾演英雄的演員背後付出的辛勞。報導中特別提到那些男演員的身材——幾乎完美的壯碩身材——實際上必須仰賴一般人難以具備的資源才得以塑造出來。

好比演員可以長時間待在健身房訓練，背後也有專業團隊照料生活起居，包括生活教練、營養師、廚師，一步步協助演員雕塑出英雄般的體態。此外，極高的片酬也提供演員強大的誘因，激勵他們熬過無數個訓練的日子，有辦法照三餐吃下一般人難以吞嚥的食物。

報導中還提到，為了在短時間內塑造出完美的身材，演員會服用像類固醇、生長激素等可以加快身體形成肌肉的藥物。而且為了讓肌肉線條看起來更結實，這些演員必須在拍片期間快速減少身體水分，方法之一就是在醫療人員的協助下，服用利尿劑來脫水。

因為片酬非常高，所以這些人付出的心血都很值得，對吧？因為演完電影後有機會聲名大噪，所以無論是要犧牲時間、健康或飲食，還是透過藥物、打針來縮短訓練時間，聽起來都很合理，是吧？

這些演員的敬業程度，完全對得起他們獲得的酬勞跟名聲。然而，這也恰恰說明了一個事實：我們不應該輕易地就羨慕某個人的成功。原因無他，你真的不知道對方在背後吃了多少苦、付出多少代價，甚至有可能遊走在法律邊緣才能獲取那些**成功**。

我想起《命運好好玩》這部電影，片中主角獲得一個神奇的遙控器，可以快轉跳過日子中無趣的部分，直接抵達成功的那一天。然而，看似一夜功成名就的代價是，他的身體在日子快轉期間會進入「自動導航」模式，看在旁人眼裡，他就是一個失去靈魂的人。

最終，主角的愛妻離他而去，他錯過了父親的葬禮，還弄壞了自己的健康，等到導航結束時，已經是個臥病在床的人。

成功是有代價的，在得到之前，要先知道自己願不願意承擔。

其實，不只成功要付出代價，光是羨慕別人也要付出代價。因為當你羨慕別人時，思緒會被束縛在別人的生活上，你也少了繼續為自己努力的時間。

換言之，當我們羨慕或嫉妒別人時，其實也同時在否定自己的人生。說起來，這是對自己的二次傷害；我們會過度放大別人身上的美好，忽略了自己的好，厭惡自己不如他人。這種矛盾，也導致人會懷疑問題出在自己身上，會質疑自己是否能力不夠，甚至開始貶低自己存在的價值，進而渴望獲得別人的認同，逐漸失去自我。

我曾經記下一句話：「嫉妒是唯一一種，在我們犯下的時候，絕對無法帶給自身快樂的罪惡。」是人，都會羨慕別人，但如果因此抹煞自己努力的足跡，一點也不值得。反之，當我們產生羨慕或嫉妒之情時，要練習安撫自己，試著讓自己的焦點從別人表面上的成功，轉移到背後可能的代價。

如果在深思之後，了解自己不願意承擔也無法承擔他們背後付出的代價，我們就應該繼續專心過自己的生活。如果了解嫉妒不會讓自己進步，只會讓自己無助，我們就應該繼續用心過自己的日子。如果了解這世界不是如此簡單就能有所獲得，我們就應該努力花心思經營自己的人生。

何況，我們正處於人人皆可輕易掩蔽自己的缺點，只分享好的那一面的時代。透過網路，時時刻刻都可以看到其他人正在享受什麼好日子，也讓我們更容易分心，無法專注在自己的生活。

這會造成一個現象：我們會因此花更多時間去看別人怎麼過日子，相對來說則花更少時間在自己的生活上。在比較心態下，我們更會只想把自己最好的一面呈現在網路給別人看，同時又自討苦吃地忍不住查看別人的動態，羞愧自己的人生不如其他人。

這就是一個惡性循環，讓人的自尊心和自我價值逐漸剝落。克制不住地比較，也會讓我們感到更加不滿足和不幸福，忽略了真實生活中更重要的事物——與家人朋友的互動、個人的成長和學習，以及對社會的貢獻。

一切，都是從羨慕別人**網路上**的生活開始。

其實，一個人過得好不好，終究只有自己才知道。你嚮往別人的熱熱鬧鬧，對方或許更渴求你的平平淡淡。畢竟，沒有人天天都能開心過日子，有的話，也可能是在很辛苦的狀態下撐出來的表象。

專心過好自己的生活，而不是看著別人怎麼過生活；可以嚮往別人過好的生活，但別忘了更應該為自己好好地活。

無須羨慕別人，一個人犧牲了什麼只有自己才知道；更不用覺得自己不好，生活的幸福需要人主動看到。羨慕或嫉妒是很強大也很複雜的力量，它能推進你，讓你達成原本無法想像的成就；它也能摧毀你，讓你看輕自己原本既有的成就。

不用做給別人看，為你自己努力就好；不用管別人怎麼看，努力做你自己就好。美好的生活，是用努力堆砌出來的；幸福的日子，是用觀察推敲出來的。用心打理自己的生活，絕對比到處打聽別人的生活，來得重要。

人生是你的，過得如何，想如何過，自己決定。

一個人過得好不好，只有自己知道；
什麼樣的生活才是好，也唯有自己知道。

人生只跟自己有關，不需要每個人都喜歡

艾・語錄

當你想改變時，會有很多人不看好你。
然而，這世界並不缺打擊人的方式，
缺的是為自己打氣的方法。

學會鼓勵自己，
因為努力的人都在用心經營自己的人生，
反之無理的人才會存心阻礙別人的生活。

記得，你的努力，討厭你的人不懂沒關係，
因為你的努力，就是為了跟他們沒有關係。

我是早讀生，求學期間跟班上同學相比，我都是年齡偏小的人，至今依然疑惑這是否影響到我的人格發展。

依稀記得小學入學日那天的場景，一群和我年齡相仿的新生分別排在不同隊伍準備辦理入學手續，而我卻被分配在特別隊伍之中，排隊準備進行智力測驗，以便學校判定我是否符合提早就讀的資格。

後來我合格通過，從此在求學過程中，我注定會是班上年齡較小的人；若在同年級中遇到同樣月份出生的同學，他們的年齡通常也是大我一歲。

「為什麼要讓我早讀？」我曾經好奇問過母親，得到的回覆是：當年如果不提早送我進學校，他們擔心我會遊蕩在外被人帶壞，或是因為晚入學成為班上的「大齡生」，在學校欺負年紀較小的同學。

只能說我自己小時候可能太頑皮，所以父母並不擔心我提早入學反而成了被欺負的那個人。總之，父母擔心我因為那一年的空窗期，失去做人處事的分寸，所以就提早把我送進小學了。

早讀是好是壞，很難說。好處是，我會比隔年才入學的同儕提早一年畢業，從而提前累積了一年的工作經驗。我曾經竊喜這是我的幸運，畢竟人生不過百年長，我父母的明智已經先幫我爭取到一年的工作資歷。

然而，我也懷疑早讀阻礙到自己的學業發展，導致我國中成績一落千丈。雖然這聽起來根本就是藉口，但確實有研究表明早讀生在學業發展上的劣勢。

比如美國有學者分析，在八月出生的學童，被診斷為過動症的比例，較其他月份出生的學童來得高。學者探究原因，推測是學校入學時間為每年的九月一號，因此同一個班級中，八月出生的人會比前一年九月出生的同學年齡小將近一歲。相比之下，年紀愈小的人愈容易坐不住，因此被誤認為過動症的機率也變高。

其他研究則顯示，早讀生更容易被誤判為智力不足跟問題兒童，而且在學校過得比較不愉快。相對來說，九月、十月出生的人因為體型發展的優勢，更容易被選拔為校隊，長期獲得老師的肯定，在人格發展中增添更多信心。

過動不過動，高齡或低齡，優秀不優秀，智力高或低，表現好或壞，本來就是相對值而非絕對值，都是跟周遭的人比較而衡量出來的。

說起來，出社會後的人生也是如此。所謂的「成就」都是相對值而非絕對值，一個人的表現、際遇的好壞，都得看跟誰比。

只是，跟別人比難免會分出高下。有時即便你已經很努力，但周遭有人比你更努力，你還是會被視為不夠認真的人。即便你已經很努力工作，但親友中有人收入比你高，你就可能被視為沒有用的人。即便你喜歡獨處，但別人邀約聚餐你卻拒絕，在某些人眼中你就是不合群。

以人的本性來說，我們擅長在別人身上看到自己所缺少的部分，而非發現自己身上別人所沒有的特點。因此，當我們拿自己跟別人比較時，認為自己「落後」的機率很高，長期處在比較的心態之中，也就容易覺得自己不如人。

如同哲學家孟德斯鳩所說：「如果一個人只想要幸福，這不難做到；但我們總是想要比別人更幸福，這非常困難。因為我們會認為別人過得比實際上更幸福。」

壞消息是：我們永遠無法解決不滿足的問題，生活中總會存在比自己更富有、看起來更幸福的人。好消息是：我們其實都比自己想像中還要幸福，只是需要時常提醒自己而已。

所以，比較是毒藥，只是這個毒藥，人又忍不住想吞。畢竟人性總是會好奇自己身處社會上的哪個位置，習慣用別人的角度來打量自己。

而這一打量，我們反而不認識自己了。

不過，喜好比較不全然是壞事，還要看你喜歡在什麼地方比較。

好比求學期間跟別人比課業，或是踏入社會後跟別人比績效，那可以視為上進心；如果是喜歡跟別人比誰的家境更優渥、誰賺的錢更多，那就是虛榮心了。上進心是跟人比內在能力，虛榮心比的只是外部環境。

此外，人也不能失去比較的能力，因為如果不懂得比較，我們就會分不清該怎麼拿捏自己行為上的分寸。

比如，你打算在某家店買一個要價三千元的物品，但朋友告訴你只要多走十分鐘到另一家店買就可以省五百元，你去不去？應該會去。不過如果你打算買的是三萬元的沙發，多走十分鐘到另一家店買也是省五百元，你還去嗎？去的動力相信應該減弱很多。可是，倘若大腦失去比較的能力，那無論是走十分鐘還是十天，你就都會去了。

愛情也是。為什麼人對初戀對象會特別有印象？不是初戀對象條件有多好，而是在初戀之前我們沒有對象可以比較，要等到第一次刻骨銘心地分手了，才有辦法知道誰是真的好。

也難怪，人更不容易忘記初戀，因為我們會不自覺用初戀來跟後面的交往對象比較，每比較一次就要回想初戀一次，如同複習單字，久了就烙印在大腦裡。直到某天你認定眼前那一位才是更重要的人，心中重新建立起新的分寸，失去參考價值的初戀對象也才漸漸從你的生命中淡出。

所以，比較其實也是為自己找一個**分寸**，重點在於，這個分寸最好是以你自己為主，而不是以其他人為主，更不該以社會世俗的標準為主。

以別人為主，我們會不斷從別人身上看見自己缺少的東西，不知不覺都在活給別人看。比較愈多次，我們也愈容易失去自己。

以自己為主，則代表學習辨識自己的情緒，而不是時常揣測別人的情緒；代表我們為自己而活，願意比昨天的自己好一點；代表我們願意把人生的重心拉回到自己身上，慢慢練習分辨哪些事應該在乎，哪些人應該珍惜，何時應該鞭策自己，何時又應該安放自己。

／

對於父母讓我早讀的影響，其實我也沒有多少頭緒。我倒是曾經想過：如果我再晚一兩個月出生，必須隔一年才能入學，等於換到一條不同的起跑線，如此一來我的人生際遇會不會完全不同？就讀不同的班級，結識不同的朋友，也遇見不同的另一半，進入不同的行業，過著跟現在截然不同的人生。

或者，是否真的會如同父母所言，我因為多出那一年的空窗期，失去做人處事的分寸？

我永遠不會知道結果，也不會知道哪一個比較好，何況我也不應該把命運全然交由出生那一刻來決定。人是很擅長找理由的，當我們遇到不順遂的事情時，可以輕易編織出導致那件事發生的任何理由。然而，當你把自己的命運牽連在過往生命中的某一刻、某個人或某個理由時，也等於是把變好的自主權拱手讓出去。

人生，重要的不是起點，而是過程；關鍵不是你能否比過別人，而是你有沒有成為自己想成為的人。不管過去發生什麼事，我們都有能力選擇未來要去哪裡，想過什麼樣的生活；這一切都只跟自己有關，不需要讓每個人都喜歡。

重要的是，我們心中要有一個做自己的分寸。

可以比較，但記得不是為了比過別人，而是為了找到更好的自己。可以衡量人生，但記得要依照自己喜歡的分寸做出選擇，選擇為自己而活，選擇為值得的事努力，選擇當其他人覺得你不屬於他們那一群時，你依然堅持走好自己想走的那條路。

走好想走的路，過好想要的生活。人生跟自己有關，要努力去喜歡。

每一次轉彎，都是新的開始

艾・語錄

人生，走過的路是經驗，沒走過的路是考驗，
最終我們都一定會獲得什麼。

雖然，生活確實不容易，
但正是在那些不容易之中，
我們有機會更了解自己，
有能力往喜歡的人生前進。

要明白，成長的過程總是伴隨著傷痕，
不過正因為傷結成了疤，
後來的自己也就更堅強了。

還記得國小畢業後，某天母親騎著機車載我前往某所中學，準備參加專屬班的資格考試。如果順利通過考試門檻，我就能步入跟我家人一樣的康莊大道，成功擠進「資優」行列就讀。

先爆雷，最終成績證明我就是一般人。

那所中學距離我家車程約莫二十分鐘，因為正逢白天交通繁忙時刻，路上車輛川流不息。我也不知道哪裡來的想法，當時總覺得和我在同一方向的汽機車，都是要前往那所學校參加考試的人。問我為什麼會知道？只能說那就是一種預感。

長大後接觸到心理學，陸續了解這是屬於競爭焦慮跟情感投射的綜合心態。人會認為周圍的人跟自己有同樣的意圖，因而產生莫名的競爭焦慮。

好比你可能也有過這樣的經驗：當你要前往一個地點購買稀有物品時——也許是要排隊進入熱門餐廳，或是購買首發限量商品——心中會懷疑周圍跟你同方向的陌生人，是不是也要前去搶購同樣的商品或服務，當下你的腳步也就不自覺加快起來。

說來，這是一種帶有匱乏感的錯誤信念，實際上周圍要跟你競爭的人不可能那麼多，人的焦慮都只是自己嚇自己而已。

不過，錯誤的信念有時還是會帶來好的結果。

即將升上高三的那個暑假，為了應付開學後全校首次模擬考，我下定決心要關在家裡準備考試，不允許自己出去玩樂。我當然很想玩，但想到班上某些同學也會待在家中全力以赴準備考試，就不敢掉以輕心。

從暑假第一天開始，我就每天從早讀書讀到晚上十點多，盥洗後稍微看個電視節目就上床睡覺，作息規律到我母親還特別提醒我不要把神經繃壞了。

然而，我根本放鬆不下來，因為晚上從我房間的窗戶向外望出去，對面某一棟華廈的某一間房間，每晚總是燈火通明。那時我的競爭焦慮就會同步升起，幻想對方可能是同一所學校的其他班同學，跟我一樣正在備考中。

就這樣，在我就寢前依舊燈光明亮的那間不知名房間裡，產生一位終日伏案準備考試的假想敵，我跟她或他正在較勁誰會先承受不住緊繃的日子而鬆懈。在那位假想敵的陪同下，暑假整整一個多月，我都集中精神按表操課，坐在書桌前準備各個科目的考試，把老師列出的教材都讀過至少三遍。

那時的我對考試成績抱著很高的期待，也帶來無形的壓力，所以只能繼續把心中的焦慮寄託在筆記本中，上面寫滿各個科目的重點，容不下一絲懈怠。

直到開學後的首次模擬考，我戰戰兢兢地寫完每一道考題，小心翼翼地核對答案避免寫錯，打算抱著堅持到最後一刻的心態給自己一個交代，也坦然面對幾天後放榜的成績。

沒想到，模擬考的結果意外地跟我預期不同。我的成績雖然如願排在全校榜單最上方，總分卻超出第二名非常多，多過我所能想到的任何差距。彷彿在那次模擬考中，我是唯一私底下被告知會有考試的人，其他同學則是措手不及。

原來，真的就像那句話所說，人的煩惱有九成都是多餘的，我整個暑假的焦慮也是多餘的，看來住在我對面的假想敵也根本不存在。

可是，我也不能說有假想敵的煩惱真的就「多餘」，畢竟那位假想敵同學可是陪了我一整個暑假準備考試，還不時在我內心督促我不能鬆懈。以結果來看，雖然這個煩惱是多餘的，倒也是不錯的安排。

所以，人不該有錯誤的信念嗎？還真的未必。這是一個相對的世界，若沒有錯誤的信念，也難以知道何謂正確的信念。況且就算是正確的信念，若是直接來自他人也不一定適合自己。就像年輕一輩的人都急於擺脫上一代的價值觀，因為過時了，因為不適合自己生存了，縱使那些價值觀幫助上一代人走過風風雨雨，依然無法解決這一輩人面臨的困境。

關鍵還是在於，我們如何檢視自己心中的信念是否正確？或者更正確地說，要如何知道哪一種信念才適合自己？

這並非容易的事，你必須做過很多次選擇，而且經歷過很多好或壞的事件，才會知道哪一種信念適合自己。此刻看似錯誤的信念，也可能才是在將來幫助自己最多的那一個。

講到這點，我想跟你分享一個近年來深刻的體悟。

／

早期我有一個存錢信念，認為持有現金是最大的安全感。我本身在個性上是屬於「囤積者」，會依戀有懷舊感的物品，總想保留看似無用的東西。這個性也反映在我早期的投資理財上。我特別喜歡持有現金，縱使學過的理財知識告訴我，在這個大印鈔時代，存在銀行裡的錢只會不斷縮水，持有現金會讓自己持續變窮。但即便知道這道理，我還是忍不住想把自己投資部位中的現金比例拉高，總覺得這樣比較有安全感。

這個持有較多現金的信念，是否降低了我的投資回報？有，而且我也確實錯過不少讓財富增長的投資機會。雖然從結果論的角度來看，我也避開了一些不必要的股災，但回顧過去的整體投資績效跟策略，還是覺得自己當初不該持有那麼多現金，我也一度懊惱自己怎麼會錯過那些財富增長的機會。

不過，就在某一天，我遇到一個需要大筆現金才能應付的突發事件。是真的需要現金，而且無法變賣投資資產來代替（時效上也來不及）。如果我當時手上沒有那麼多現金存款，恐怕那件事只會造成更多麻煩。

也就是在那一刻，我深刻地體會到，原來我過去在理財上謹慎持有現金的信念——原本以為錯誤的信念——在未來的這個時間點幫到了自己。

經過那次事件後，我並沒有回到原先過於謹慎的投資方法，卻也對過去看似錯誤的存錢信念感到釋懷。我也進一步意識到，某個信念是正確或錯誤，還是要看自己是從什麼立場來看待。

而人的立場是怎麼產生的？主要還是由自身過去的經驗所形成。

常聽聞，人生的路是自己走出來的，這樣的信念足以引領自己持續向前，也帶著命運是操之在己的意味。然而，有沒有可能這也是某種來自他人的錯誤信念，而非**適合自己**的信念？畢竟如果有一條路我們自己還沒走過，又如何知道那條路是自己想走的，而且還有辦法「走出來」呢？

導演大衛．芬奇的電影《殺手》裡有一句話：「人生唯一的道路，就是走過的路。」主角就是秉持著這句話的信念，不瞻前顧後，不去設想未來，也不停留在過去，發生事情就繼續向前，專注在自己的任務上。但其實主角也曾經動搖過自己的準則，是在經歷許多混亂事件之後，才逐步確定那就是他必須遵從的信念。

所以，什麼是錯誤的信念呢？以我之見，就是在你尚未充分了解自己之前，就把自己套進別人給予的信念之中，等到你開始覺得不適合自己，開始想掙扎，開始覺得那些信念如同鋼絲綑住自己，皮肉都被掐出一條又一條的線痕了，你就會知道那是不適合你的錯誤信念，會是你需要拋棄的信念。

至於什麼是正確的信念？就是那些你原本就相信，後來歷經各種事件的考驗，在你獲得不同的人生歷練之後，你依然持續相信的事情。

沒有錯誤的信念，就沒有正確的信念，而要知道什麼是不適合自己的錯誤信念，就必須先經歷過一些事情，甚至捨棄一些過往相信的價值觀。

我同意，**人生這條路需要自己走出來，但我們終究必須先走過一些路，才會知道自己接下來該邁向何方**。這意味著我們每個當下的選擇，不只呈現過去的經歷，也投射自己對未來的期望，至於當下再怎麼微不足道的行動，都可能是塑造自己未來的關鍵。

人生唯一的道路，是走過的路；每一個轉彎處，都是一個新的開始。此刻跨出去的每一步，無論是成功或失敗，都是我們人生旅程中不可或缺的一部分，每一步也都蘊含此刻無法想像的可能。

最終，當我們回望過去，會發現那些曾經不適合自己的錯誤信念，不過就是在找到正確信念之前必經的過程，是我們重新找到自己的起點。

←この先250M

PART 3

過程的轉折

人生應該努力去計畫，也應該享受變化；
應該把握自己的優勢，也應該探索更多的可能。

不管是什麼，都要開始了才知道

艾·語錄

無論你現在過得如何，
都別因為某件事、某個人或某句話，
就否定自己的付出。

所謂的將來，都是在努力的過程中形成。
此刻的路好走，就盡力奔跑；
路蜿蜒，就一步接著一步走。

別等事情變好了才開始，
你要先開始，事情才會變好。
沒有人清楚自己的潛力到底在哪裡，
能夠畫下界線的人，永遠是自己。

在人生的某些階段，人似乎都會好奇自己的運勢發展；學生時，剛入社會時，談戀愛時，面臨人生重大發展時。至於我自己，則是當初準備設立公司時，特別請朋友推薦算命老師指點迷津。

一個人會起心動念了解運勢，可能的原因也很多。或許是感到時運不濟，想知道眼前情況是否會盡快改善；也許是最近運勢不錯，想知道這股好運是否會延續下去；又或者，對自己的未來感到迷茫，希望藉由運勢專家的分析來指引生活方向；也可能，就只是聊天時想跟朋友擁有共同的話題。

大致上來說，了解運勢的目的不外乎就是想知道明天、下個月、幾年後的日子會不會比現在還好。

然而，有時候清楚掌握了自己的未來，不見得就是好事。

／

在電影《哆啦A夢：新．大雄的大魔境》中，出現一個人人夢寐以求的道具：預約對講機。這個道具能夠讓人跟「未來的自己」許願，約定未來某個事件提前實現。不過，這種約定附帶一個但書，未來的你必須去做同樣的事情，以此來償還提前實現的願望。

在電影中，最初是大雄一行人在叢林裡餓肚子，所以哆啦A夢就拿出預約對講機，許願他們明天在家一定會吃飽。語畢，大雄等人的肚子就出現飽脹感，實現吃飽的願望。

劇情來到另一個場景，大雄一行人準備跟敵人戰鬥，可是雙方人數差距過大，哆啦A夢出發前又把武器都留在家裡，在寡不敵眾的情況下面臨死亡危機。此時靜香急中生智，拿起一旁的預約對講機跟未來的自己許願：「如果能平安無事回家，到時候一定會回到過去，拯救我們自己現在遇到的危機。」

非常幸運地，未來的大雄跟他的夥伴手拿武器、頭戴竹蜻蜓，立刻從天而降救援現在的他們。

然而，我在看到這部分劇情時，心中不禁為大雄他們捏一把冷汗。你有沒有注意到，我說他們是**非常幸運**，因為在靜香的臺詞中，編劇巧妙地安排她說

「如果能平安無事回家」，他們就會回到過去來救自己。

言下之意，如果他們沒有平安無事回到家怎麼辦？萬一在說完這句話後，未來的他們並沒有出現，不就代表此刻大雄他們應該凶多吉少，也意味著在那一瞬間，靜香就收到自己從遠方捎來的死訊，意識到自己沒有未來。

所以，能掌握到自己的未來看似一件好事，但那也必須是自己能承受的結果才行。

／

諾貝爾文學獎得主大江健三郎，於《為什麼孩子要上學》書中就講述過一段跟未來有關的故事。他的祖母說在山谷中，每個人都有一棵屬於自己的樹，人的靈魂都是從自己所屬那棵樹的樹根轉生而來。小時候的大江聽完趕緊向祖母追問，屬於他的那棵樹在哪裡？他希望去看看自己的樹。

沒有順應大江的好奇心，祖母反而警告他千萬不可以去尋找自己的樹，因為據說站在樹下會遇見老後的自己。祖母擔心年紀還小的大江看見老後的自己，會不知道如何應對。

不過大江還是很好奇，希望自己有一天能找到那棵樹。他心想，如果真的能遇見老後的自己，他會想問——人為什麼要活著？

我認為大江的祖母不愧是活過時代的人，擁有難能可貴的生命智慧。假如世上真的存在一棵自己的樹，可以讓我們瞧瞧老後的自己，到底是福還是禍？如果年輕的自己遇見年邁的自己，發現從外貌、體型到生活境況，一切都跟自己理想中的模樣大相徑庭，那該怎麼辦呢？莫非要在年輕時就放棄接下來的人生？

又或者，看到老後的自己過得很優渥、身體很健朗，難道從此就可以放肆地吃喝玩樂，不用擔心未來的財務狀況，不用照顧自己的身體健康？

或許更駭人的結果是（可能也是大江的祖母最擔心的情況），如果老後的自己根本**沒有**前往樹下赴約——不是不想來，而是不可能來，因為在還沒活到預期的歲數之前就撒手人寰。若真如此，豈不是預知自己活不過半百？

知道自己早晚會死，跟確定知道自己很早就會死，兩者天差地別。雖然人天生排斥不確定性，但正是生命中的不確定性引領著自己，我們才會有探索跟追求的動力。就像人會對死亡感到恐懼，若能永生，或許可以無視死亡的威脅，卻也可能失去生活的意義。

但凡確定的事情，都少了期待的趣味。就像在電影院看電影時遇到有人不時劇透，坐在周圍的人想必會很困擾。如果提前知道電影關鍵的鋪陳跟結局，買票進電影院的樂趣跟動機也就少掉一大半。

人生也是如此，未知的感覺會讓人期待，而期待的感覺會拉開張力，張力又會推動人採取行動。**當未來存在夠多的想像空間時，想要變得更好的動機才會出現。**

／

只是，人在想像自己的未來時，通常會低估自己的可能性。

哈佛大學心理學教授丹尼爾．吉爾伯特曾經做過實驗，研究不同年齡層的人會如何感受生活上的變化。結果顯示，人在年輕時會小看自己未來的潛力，年紀大時則會誇大自己過去的經驗。

造成這現象的原因，學者推估是人的回憶能力比想像能力還要強。當我們在想像自己未來的可能性時，因為事情還沒發生，在缺乏想像力的情況下就會低估自己的潛力；而在回憶過去時，因為事情已經發生了，所以會添加更多色彩，反而過度放大某些事情對自己造成的影響。

換言之，人在展望未來時，會覺得未來不會跟現在有太大的差異；可是當實際對照自己現在跟過去的生活時，又才訝異生活其實變化得比想像中大很多，甚至覺得造化弄人。

所以，在思考未來時，我們應該擁有豐盛的想像力，而不是過度預設自己的未來，覺得這輩子就只能這樣了。你這輩子不會只有這樣，看看過去十年間你的生活有多大的變化就知道。

試著規畫自己的未來，但不要束縛自己的可能。過程中你會有多少成長，會學習到什麼新能力，碰觸到什麼機會，都不是現在的你能夠預料。**人生很多的面向，不管是做什麼，都要開始了才知道；一旦開始，事態也會漸漸往好的方向發展。**

別對自己的未來設下太多的限制，因為此刻你對自己的了解不過是大腦中的預設，而預設會限縮人的潛力跟可能性；反之，我們要把自己的未來想像成一塊空白畫布，盡可能去彩繪。這種對未來的想像力會讓你有動力去到更遠的地方——或至少，給自己的明天一個希望。

就算走錯路，也不會是白走的路

艾．語錄

值得做的事很少會立竿見影，
縱使事情的進展還不夠好，
也不代表之後就沒有轉機。

何況，開始做一件事時，
不是知道會有成果才努力，
而是先努力了才會有成果。

用心走好自己的路，努力累積自己的進度，
過程中不需要所有人都了解自己，
但我們一定要永遠支持自己。

「如果你要走的路看起來太簡單，那麼你就走錯路了。」當《航海王》真人版主角魯夫說出這句話時，我的胸口瞬間感到溫熱，心中湧現許久未有的興奮。

因為我的人生觀正巧就是：不要選擇好走的路。

選擇好走的路，意味著在你行動之前已經能預判結果，或是盤算好就算在過程中遇到問題，也有十足的信心能解決。這一切聽起來都合理，因為面對人生潛藏的風險，能夠提早規畫不會吃虧。

至於選擇不好走的路恰恰相反，你無法預期會遇到什麼挑戰，甚至可能一開始就先在心中設想阻礙，預期接下來會碰到哪些壞事，腦中浮現各種擔心會發生的「萬一」。面對未知的路，眼前充滿許多的不確定性，唯一能確定的是，恐懼跟膽怯將會一路尾隨你。

只是，選擇好走的路還是不好走的路，兩者最大差別並非信心的高低，而是新奇的程度。畢竟好走的路，表示過去你已經走過類似的路，否則不會知道為什麼好走。只是既然走過了，新奇的程度自然減少許多。

人性很複雜，既排斥陌生的事物，也好奇新奇的事物，最終能感受到樂趣的原因，往往還是因為碰到無法預期的驚喜。一本小說會好看，是因為故事情節吊人胃口；一部電影會吸引人進場，是因為高潮迭起的劇情扣人心弦；熱門餐廳會大排長龍，是因為新的味覺體驗讓人趨之若鶩；人生經歷充滿回憶，是因為意想不到的美好時刻撥動人心。

儘管選擇不好走的路，沿途遇到的事件不一定都是驚喜，搞不好會是驚嚇，但你還是可以透過評估，降低壞事發生時的衝擊，減少驚嚇的程度。畢竟，突發事件的驚嚇是可以預防的，驚喜卻無法事前就預期。

只是我也要坦承，我早已脫離那個只管熱血、不顧風險的年紀。倒不是說現在都改挑簡單的路走了，而是我自己也曾經嘗到苦頭，在某些人生階段因為選擇難走的路而陷入掙扎。

這點，我的研究所生涯就是一個例子。

大學畢業後，雖然我順利考取研究所，但考上的喜悅很快就被繁忙的課業壓了下來。那時，不管是教授在課堂上的教學內容，或是課後派發的作業，其繁重程度都遠超過我在大學時的學習經驗。

為了跟上進度，假日我經常要在圖書館待上一整天，查閱其他原文參考書籍，為的只是能在期中考與期末考勉強及格。我甚至擔心自己能否在兩年內修完學分，還有順利通過畢業論文口試。

那陣子我偶爾會對未來感到徬徨，一方面覺得好不容易考進理想學校，沒有理由放棄學業；一方面又覺得早知道應該像其他同學一樣，直接去服兵役然後進入職場。我自認選擇了一條不好走的路，心甘情願承受更大的壓力，但不代表我對自己信心十足。

另一個例子，是前面提過我在離職後創業的經歷，如今想起來還是覺得自己當時到底哪裡來的膽量。那時雖然仗著有一些存款跟投資收入，毅然決然地跟公司提出辭呈，但其實我在離職前都還在猶豫是要留在公司，還是真的要趁年輕去外面闖蕩看看。

最終，我是選擇離開擁有穩定收入的上班工作，卻沒料到隨之而來的經濟壓力比想像中沉重。跟以往每個月領取固定薪資不同，離職後的第一年我沒有賺到任何錢，只感覺到生活持續在空轉，壓力如同海浪般不斷拍打過來。處在那樣的壓力下，縱使存款能夠再支應我兩三年的生活，但我始終惦記著回去上班的選項。

單論後來的結果，讀研究所跟離職的抉擇確實都令我滿意，成為了我目前人生的寶貴經驗。然而，即使已經有了這些收穫，我依然沒有把握如果重來一次，我能否順利通過研究所的畢業門檻，或是在離職後成功開拓出自己的事業。

畢竟，不好走的路充滿著未知，重來一次會遇到不一樣的困難，而我無法知道自己是否能一樣幸運，順利避開失敗的後果。

所以，為什麼人會排斥走不好走的路？原因還是出在擔心自己犯下不可挽回的錯，所以只好選擇阻力較小的路。

在《心靈燈塔》的另一集節目中，星野源就分享他的創作理念。他形容自己是一個無法忍受不突破創作瓶頸的人，因此都會跟經紀公司提出有別以往的創作點子，可是經紀公司第一時間給他的答案都是——不行，因為以前沒有人做過。

「以前沒有人做過。」這句話是一個約束力非常強的社會規範，是能避免犯錯的最佳途徑。如果想要孤注一擲去做，就形同否決前人集結的智慧。一意孤行的結果最終若以失敗收場，還可能遭到群體撻伐。

然而，僅僅因為沒人做過就不去嘗試，是否意味著我們的思維也被舊有的框架局限住？追求不犯錯的最好途徑，是否也代表了放棄尋找**變更好**的新途徑？

在職場中，我認為不一定要走別人沒走過的路，畢竟在職場環境裡就是需要謹慎小心，而且錯誤也可能是團隊要一起承擔。但換作是自己的人生，如果都只選擇好走的路，那實在太可惜了，因為人生只能活這麼一次。

人生，偶爾追求安逸或輕鬆的路也無妨，並不是每次都要選擇難走的路不可，只要心態還維持住就行。怕的是，自己漸漸變得只在乎結果，做每件事都會先盤算能有多少回報，或是只在乎事情做完之後有多少收入。有些人甚至開始用利益來計價友情，用競爭來清算同事。

／

其實，選擇不好走的路也不代表過程都是未知的。你可以在每次選擇時，挑選大部分是你熟悉的做法，少部分是你沒嘗試過的事情。這正是所謂的MAYA法則——人會喜歡做一件事，是因為做那件事的過程中有自己熟悉的部分，也有遇到驚喜的部分。

既有熟悉感又能帶來驚喜，結合起來就是令人著迷的原因。

好比我寫這篇文章的過程，起初是順著自己的寫作習慣起筆，但中間會想到什麼句子跟靈感，在我落下第一個字之前無從得知，等到挖掘出靈感時，帶來的驚喜感就會製造出快樂。

人生也是如此，**我們應該努力計畫，也應該享受變化；應該把握自己的優勢，也應該探索更多的可能**。大部分時候，我們都可以用熟悉的方式過日子，或是用習慣的方法完成同樣的事情，但偶爾也要在生活裡摻進不熟悉的事物，走訪不同的地點，彎進一些陌生的小徑，挑戰學習新的技能，完成更大一點的目標，如此才能收穫成就感。

這樣的人生，就算發現走錯路了，也不會是白走的路，過程中無論是遇到驚喜還是驚嚇，都可以慢慢用來滋養自己的未來。

能力來自肯努力，運氣來自不放棄

艾．語錄

有人說你運氣好，
是因為你身上有他們嚮往的地方；
有人說你不夠格，
是因為你正走在他們的前方。

做一件事，不用指望所有人都認同，
畢竟你只能掌握自己得到什麼，
並無法控制別人看到什麼。

一個人的成就，最終不是來自於勝過別人，
而是能一再超越昨天的自己；
別把時間虛耗在煩心的事情上，
而是要用在讓自己變好的地方。

在閱讀題材不設限的原則下，我從年輕時就會涉獵跟「成功心態」有關的書籍。倒不是說也推薦你看，因為這裡面確實充斥許多不太對勁的內容，甚至有人會刻意誇飾自己做過的事，別有居心想要吸引讀者。

不過，從年輕時懵懂無知地照單全收，到後來心智逐漸成熟，我開始學會分辨哪些說法有用，哪些說法不可信。閱覽這些資訊時，我也學會分辨真假的方法，一旦發現內容有問題，心中的警鈴就會響起。

其中，有一個分辨原則對我來說很關鍵：一個人若把獲得的成就全都歸功於自己的能力跟才華，特別是再三強調跟運氣沒有關聯時，就應該提高警覺。

運氣很關鍵，對於事情的發展走向有一定的影響，你不該輕易地相信那些口中強調成功跟運氣完全無關的人。

然而，縱使運氣確實存在，我們最好還是別相信運氣。

運氣肯定有影響。好比有一項針對加拿大冰球球員的統計，球員的出生月份大多是落在一到三月，出生在九到十二月的球員明顯較少。學者推測，雖然學校的入學年度是以九月來劃分，但球員入選的梯次還是按照日曆年度來區分。因此，在九月到十二月出生的人，會跟年齡稍大的高年級生一起訓練、競賽。

也就是說，在球員還是青少年的階段，一月出生的人在發育速度上，自然比同年年底出生的人快一點。在擁有體能跟心智優勢的情況下，一開始在球場上的表現會更好，也會獲得更多教練的稱讚跟上場經驗，整體來說就會取得先行優勢，接著培養出更多信心，然後一路晉升到職業球員的機會就更大。

所以，運氣會影響人生的發展。無論是何時出生、在哪裡出生，多少都會影響到往後的發展，這些都跟運氣有關。

如果還是有人不認同運氣的影響，可以再想想，若是連美國總統都說自己是幸運之人，運氣怎麼會不重要？

某次歐巴馬在節目中跟主持人大衛・賴特曼對談時，就說到他認為自己是幸運的人。他覺得自己很勤勞，工作很認真，也有一些天分，但他認為世上既勤勞又有天分的人其實很多，所以自己是個幸運的人。

聽起來像是謙虛話，但歐巴馬隨即反問主持人賴特曼對幸運的看法。已經擁有幾十年的成功經驗，在美國電視圈舉足輕重的賴特曼，也直接表明自己一直都是幸運的人。

所以，誰能說自己的成功不是跟運氣有關呢？

/

至於我，也有一個跟運氣相關的經歷；現在回想起來，我依然覺得自己當時運氣很好。

其實，我認為自己並非真的運氣好的人，中獎機率低，當兵還會抽到最差的籤。唯獨有件事我覺得受到幸運之神的眷顧，就算重來一次應該也不會那麼好運。不過也就是這一次，足以影響我二十歲後的人生。

那是發生在我即將進入研究所的暑假。一般來說，研究所會在公布榜單後再過幾個月才開學，多數碩一生會趁這段時間先到學校尋找論文指導教授。此時熱門的教授會特別搶手，幾乎是在開放名額不久後就收滿學生，至於其他教授的學生名額也會在開學前就滿額。

回想當年，我的神經實在有夠大條，又不懂得先上網做功課，不只沒有在第一時間跑去學校找老師，還拖到入學時才開始尋找教授，導致我後來找不到指導教授。其他同學不只已經找好教授，有些人更是提前兩三個月到實驗室熟悉環境。

在茫無頭緒的情況下，我只好照著開學通知單上的指示，去尋求一位系所指定的教授協助。按規定，開學前還沒找到指導教授的人會臨時安置在那位老師的名下，一邊跟著他做研究，一邊等待其他教授釋出空缺名額。

我是後來才意識到，這對碩士生很不穩定。一來，你無法確定是否會跟著臨時安排的教授直到畢業，若是中途換老師就可能也要換論文題目，嚴重的話還會延宕到畢業的時間。再來，臨時安排的教授也不確定你是否就是他的學生，無法一開始就分配研究任務給你，而此時其他同學早已開始為研究題目做準備。

不過，幸運之神此時卻來到我的身邊。約莫兩個星期後，我得知有位教授的研究生名額突然有空缺，而且還是一名很搶手的熱門教授。

更幸運的是，或許是其他同學都已經確定好指導教授，跟我競爭的人相對少很多，而且我當時正好就待在同一樓層的其他實驗室裡，所以第一時間就去敲教授的門，最終順利遞補上空出的缺額。

當我搬進實驗室不久後也才得知，同屆的其他四位同學都是經由推甄錄取研究所。言下之意，就算考試放榜後第一時間來找教授，恐怕也早已沒有名額，而我後來卻能成為同屆唯一一位透過考試入學的碩士生。

你說，我當時是不是真的很幸運？我無法想像，如果當時我的指導教授名下沒有臨時出現空缺，或是面談後沒有收我當研究生，我的碩士生涯乃至畢業後的出路，會碰到什麼難題。

所以，千萬別否認運氣的存在。人生中不同領域都存在著時機、運氣的影響，有時候只是當下一個看似影響不大的際遇，都可能在幾年之後產生效應。

然而，我們是應該接受運氣的存在，但為什麼還是不該相信運氣？原因在於，**運氣是屬於無法控制的事情，當你過度相信運氣存在時，反而會忽略努力的重要性**。

對此，我們應該「理解」運氣，而不是「理會」運氣。

／

所謂的運氣，就只是機率；或者更直覺的說法：**一件事是否會重複發生？**比如樂透彩，不同期要開出同一組號碼的機率微乎其微。此外，人們會覺得中樂透頭獎的人運氣真好，但應該不會真的相信只要跟著頭獎得主一起繼續買樂透，就也會輪到自己中頭獎，頂多就是抱著沾點好運的心態買買看。

然而，經由樂透的結果很容易就能理解運氣的差別，可是一個人是如何取得當前的成就，理解起來就很複雜。一個人的成功之中，到底有多少比例是靠自己努力獲取，又有多少是因為運氣使然，無人可解釋清楚。

在人類的大腦尚未進化到能看穿運氣之前，心智上最快能理解的方式，還是把成功歸因於自己的能力，把失敗歸咎於自己的運氣。

只是平心而論，你認為人一生中覺得自己遇到成功的次數較多，還是失敗的次數較多呢？我想，覺得自己一帆風順的人還是少數，多數人遇到困難的次數還是比較多，畢竟當一個人在努力時，不想遇到困難根本不可能，否則何須努力。

換言之，如果我們因為遇到困難就傾向歸咎於自己運氣不好，也可能反過來認為他人的成功只是運氣比較好。如此一來，等於給自己留一扇「逃避之門」，當自己碰到愈來愈多逆境時，打開那扇門的念頭就會非常誘惑人，說服自己一切都是運氣不好的關係，更加認為別人都是運氣好才成功，陷入受害者心態之中。

結果是，你親自抹煞了自己的努力，認為自己的努力都不值得，甚至開始怨天尤人。

或者是，你就算取得不錯的成績，還是可能認為自己只是運氣好，患上冒牌者症候群。

何況，一旦這個「相信」演變成根深蒂固的「信念」後，接下來很可能你看什麼都會歸類為運氣的關係。畢竟，運氣存在人生的各個角落，當你刻意去尋找某個人做某件事的運氣成分時，一定能找出某個導致成功的機運。

所以，我們應該理解運氣，因為運氣確實存在，也有影響。但我們不應該理會運氣，因為運氣是一個不確定、自己無法掌控的事情。

理解但不理會運氣，並非是在安慰自己，而是專心為自己想要的生活努力。無論在工作或生活中，都不要因為運氣壞而打擊自己，也不能因為運氣好就膨脹自己，而是要專注做好自己的事，過好自己的生活。

／

心理學家蕭娜・夏比洛在她的著作中提過一句話：「你練習什麼，就會增強什麼。」這句話從心理學角度來看，凸顯了「視網膜效應」——你會因為自己在乎某件事，而留意到類似的事頻繁發生。這句話也顯現了「神經可塑性」——人會因為重複學習某件事、接受某個資訊，而強化那件事的影響。

只是，影響的不是事件本身，而是我們自己的心態。

隨著我們愈來愈在乎運氣的存在，也就愈相信運氣對自己成就的影響。你愈在乎，就愈會認為運氣決定了成功與失敗，努力也就看起來愈不重要。

反之，**當你正視努力的重要性，也會增強努力在你身上的影響。到頭來，你反而成了別人眼中好運的人；因為一個人雖然無法控制運氣，卻可以控制自己要不要努力。**而奇妙的地方就在於，你的努力，會增加你遇到好事的運氣——因為運氣就是一種機率而已。你愈努力，就愈有能力，也愈有可能讓一件好事重複發生。

所以，別讓運氣的存在反倒阻礙了自己，應該將其視為追求成就路上的偶然；一旦出現，就視為助力，還沒遇到，就繼續努力。

某天回首來時路，也會發現其實真正引領自己走過來的，不是那些曾經從腳下路過的幸運四葉草，而是自己每一次堅定不移的腳步，和在逆境中不斷前進的勇氣。

運氣，來自努力，也來自不放棄。它是會影響一個人努力的成果，然而唯有抱持不放棄的勇氣，才會讓我們在遭逢逆境時，願意繼續努力跟前進。

努力陪自己前進，努力讓自己獲得好運。

從不同的角度，遇見更好的出路

艾・語錄

一件事除了表面的好或壞，
也有許多看不見的壞跟好。
很多事就是要到許久以後，
才會知道原來時間有自己的安排。

即便同一件事，來到不同的人生階段，
看起來也會是不同的樣貌。

所以，此刻遇到壞事沒關係，
先學會接受生活現在的樣子，
才會有動力尋找喜歡的日子；
試著先從不好的情緒裡走出來，
當下，人生就會漸漸地好起來。

不知道你如何看待這句話：隨著年齡增長，看事情的角度也會變得不同。

我自己是認同這個「不同」，也覺得是人生值得玩味的原因之一。隨著年齡增長，人生慢慢有了歷練，某些性格上的稜角也會漸漸被磨平，會開始看到以前看不見的面向，思考問題的角度也就不同。

這很像拍照時的解析度。對於同一個景象來說，使用解析度不同的相機拍攝，成像的畫質會有差異。高解析度的照片能呈現更細膩的細節，或是看出藏匿在背景裡的人事物。

當我們看問題的角度變得更深入，就等同看問題的解析度變得更高，可以看見更多事物本質的顆粒粗細。

只是對數位相片來說，要分辨解析度的差異很容易，然而人們在面對同一個議題時，每個人都可以有自己的主見，也會受限於自己的經驗，人與人之間很難找到交集。因此，每當雙方的「思考解析度」不同時，彼此之間的誤會也就跟著產生了。

想想看，當長輩在開導晚輩時，因為兩方思考解析度不同——不論誰對誰錯——是否就會出現兩方討論的明明是同一件事，在意的重點卻不同？一邊覺得是告誡，一邊卻覺得是說教。

另外，當主管跟部屬討論工作時，也可能因為兩者所背負的職責不同，或是重視的地方不同，不時出現歧異。同理，伴侶之間的衝突、父母跟小孩之間的爭吵、老師跟學生想法上的歧異，都源自於思考解析度不同。

甚至一個人跟自我的對話、看待世界的方法，也會隨著年齡增長而改變。經歷過的事情不同，在乎的事情不同，看問題的角度也自然有所不同。

不過，正是這種隨著年齡不同的改變，有時便足以讓我們對過往某些糾結的事情不再茫然。

／

會令人糾結的問題，通常沒有標準答案。史丹佛大學胡佛研究所的經濟學家路斯・羅伯茲，在訪談過許多號人物後，總結出一個心得：人生會遇到的難題應該分成「有正解」跟「無正解」兩種。

所謂有正解難題，也稱為可控問題，是可以依照固定的脈絡去解決。比如數學問題就是有正解難題，出門該走哪一條路最省時間也是有正解難題，退休金該準備多少金額，規畫上也是屬於有正解難題。

至於無正解難題，幾乎都是會深遠影響人生發展的問題，而且過程令人特別糾結，所以這類問題也可稱作棘手問題。

比如：該換工作嗎？該把存款都拿去買房嗎？該結婚生子嗎？該花錢追尋人生的夢想呢，還是好好存錢別再妄想？這些都是無正解難題。你不會事前知道它們的答案，付出行動後通常也無法反悔，這些是屬於人生旅程中無法回頭的岔路。

簡單來說，不同的人來解決有正解難題，解決方法都差不多，因為答案有跡可循，搞不好上網查詢就能找到很多辦法。可是對於無正解難題，雖然每個人遇到的問題相似，但解決的方法都不同；答案看似有跡可循，實則因人而異。而且，有時還可能不只無正解，是真的**無解**。

對年輕時的我來說，覺得一切難題都是拚命去解決就對了，所以會上網參考別人的經驗，會埋著頭硬解，會去研讀成功人士的克服方法。而當我努力過後還是失敗時，心中就會感到困惑，會懷疑別人可以，為何自己就不行。

也因此，年輕時的我容易被一些鼓吹有成功祕訣的方法吸引，好像只要照著去做就能輕鬆解決人生難題。對照上述說法，我把眼前的問題都當成了有正解難題，所以若是解不開，那就是自己的問題。

不過，你應該也體會過，人生後來的發展會慢慢跟心中的理想脫軌，也漸漸體會到，年輕時厭煩長輩老是掛在嘴邊的那句「你以後就知道」，如今自己要開始克制，才不會對比自己年輕的人脫口而出。

隨著人的年歲漸長，遇到無正解的難題會愈來愈多，看問題的角度也會慢慢開始不同——不一定就是變得更好，但通常會變得更廣，懂得用寬待自己的方式接受人生的無奈。相對來說，難免也會變得比較謹慎，畢竟多少能預期到後果了，知道有些事情不該再如此衝動，省點力，省點心，也省下寶貴的時間與生命。

因為懂得世態炎涼了，因為領悟到更多人生道理了，因為思考的解析度變高了，所以不再貿然行動。因為成長了，所以對於某些矛盾的事情不再感到糾結，體會到電影《那夜我們行向彼方》中的話：「想要理解矛盾這件事，本身就是一件矛盾的事。」

人生會如此轉變，不見得就是失去勇氣，而是我們慢慢認識自己，知道什麼才適合自己，也不再拿那些無法理解的事情困擾自己。

這或許是長大的代價，是人會念舊、感到鄉愁的緣故，卻也是更了解自己的過程，是縱使我們愈來愈無法理解新的世界，依然有動力陪自己慢慢走下去的原因。

人生的考驗，自我的蛻變

艾・語錄

都會的，當你在為人生目標努力時，
你會懷疑自己的付出是否值得，會羨慕別人的生活比較愜意，
會擔心自己那麼努力，卻換到沒有意義的未來。

然而，寧可為喜歡的生活辛苦一陣子，
也不要跟討厭的生活糾纏一輩子。
現在的努力，肯定是為了將來某天的自由。

不用喜歡吃苦，但要不怕吃苦；
短暫的辛勞，是為了將來更好。
不用擔心別人的想法，
生活是自己的，過得好不好自己知道就好；
人生最棒的事，是你擁有自己喜歡的生活。

當人真心為自己想要的生活付出時，接下來的一切都會有其意義。

某次演講進入問答時間後，有一位聽眾問我，我人生的轉捩點是什麼？這問題來得突然，因為聽眾通常會問跟他自己有關的疑難雜症，較少問跟我有關的事，何況是我人生的轉捩點？印象中我是第一次被人問到。

說實在，那時的我還沒思考過這個問題，因此被問的當下我先是恍惚了一下，但隨即答案便在我心中浮現，而且我滿確定人生的轉捩點應該就是那天發生的事。在經歷那件事之後，每當我人生或工作不順時，或是遇到低潮時，回想起來都能為我帶來莫大的助力。

我人生的轉捩點，就發生在研究所放榜的那一晚。

／

那是一個理當平凡無奇的夜晚，我正從浴室洗好澡走出來，再過半小時就是我的睡覺時間，隔天將搭乘自強號南下到高雄考試。

那幾個月是研究所考試季節，每幾個星期就要趕往不同縣市的考場參加考試。我還剩兩間學校要考，前面北中南已經考過四間，所以相當習慣幾個月來到處奔波的日子。當晚無論心情上還是生活節奏，都跟平常日差不多。

打破這股平靜的，是手機鈴聲意外響起。來電者是過去一年來一起備考的同學。我擔心發生什麼不好的事，搓了幾下頭髮便接起電話。

電話中同學問我正在做什麼，我回道：「明天一早不是要趕車嗎？我已經洗好澡準備睡覺了。」同學聽完後則用挖苦的語氣回我：「還在洗澡？交大的榜單已經公布了啦！」言下之意，要我趕緊上網查詢榜單。

「該不會……？」一瞬間我能猜到同學的意思，但那股期待加懷疑的感覺依然莽撞地從心底浮上來。畢竟，如果我榜上有名，可能代表趕考日子即將結束；代表一年多來的努力已經兌現；代表即將有個不錯的前途；代表我的人生會走上穩定發展的道路——假如考上的話。

在當時那個年紀，眼界還沒被現實生活給撐大前，我確實以為只要考上理想學校，往後的人生就會從此順遂了。

還記得，當時我是在身體微微顫抖的情況下掛斷電話，走到電腦旁按下主機的電源鍵，等著開機的嗶嗶兩聲，手抖動地握著有線滑鼠，在電腦上查詢交大的榜單。那時的心跳好快，真的好快。

也不知道自己在做什麼戲，看到榜單網頁跳出來後，我還不是直接用搜尋名字的方式查找，而是用滑鼠指標從網頁最上方開始滾動，身體邊顫抖邊期待看見自己的名字。當螢幕上果真出現這輩子我最熟悉的姓名後，內心一整個情緒都往上衝了出來，不敢相信螢幕顯示的畫面是真的。

我沒有克制，也無法克制，一個人就在房間中不斷振臂與跳躍，猶如麥克·喬丹在一九八九年對上騎士隊時投出經典絕殺球的那一刻。這一切並非誇大，雖然我原本以為這股激動的情緒跟反應只會在電影中出現，畢竟現實中好像要摻合著演技才會如此誇張，但我真的無法克制地在房間裡不斷跳著。

那一刻，我不太清楚自己心情為何如此激昂，當下的理解就是我考上殷切盼望的學校。等到心情稍微平復後，我才察覺到並不是考試結果讓我興奮，而是我在為自己過去三百多天的努力與堅持感到開心。

如今回想，準備考試的那一年，是我至今把自律能力發揮到最極限的時候，規律到我現在還能背出每天的作息：每晚十一點鐘上床睡覺，早上六點半起床，為了效率吃著同樣的早餐、中餐跟晚餐，在圖書館開館前排隊準備入館，固定坐在館內同一個座位，讀書時反覆聽著三片同樣的古典音樂CD，待到晚上閉館時間才離開。日復一日，生活過得完全如同字面上的意思。

對當時還年輕的我來說，那段時間是單調的，是苦楚的，是前途未知的，是生活看似有重心卻也不知道為了什麼而努力。我之所以能撐下去，憑藉的只是打算用心走完這段備考的日子，好好給自己一個交代。

在放榜之前，我不確定自己會不會考上理想學校，也不確定自己在考上之後是否會開心。畢竟，我當時也曾猶豫是否該繼續升學，甚至質疑自己想讀研究所的念頭，只是為了逃避即將當兵跟出社會的現實。

論結果，我考上了理想的學校，但意外的是，我從未想到心情會如此激動。更意外的是，那一晚查詢放榜的過程，成了我目前人生的轉捩點。

我差不多也是在那天之後開始相信，**當一個人真心為自己想要的生活努力**

時，生命會用你還無法預料的方式回應你。你所付出的每一分心力，都會把你帶到你目前還無法想像的地方。

經由那一年準備研究所的成果，從此我的價值觀也就相信努力是有用的，即便當下的結果不好也無妨，因為現在的努力依舊會在未來的不同時刻幫到自己。縱使我在後來的人生中遇過幾次結果不好的事，我依舊相信，為自己真心想要的事情付出努力，日後肯定不會後悔。

我曾在電視上看過這麼一句話：「上天不會給人無法克服的考驗。」雖然現實生活中我們有足夠的理由可以反駁這句話，然而這句話的意義不在於它合不合理，在於它會提供力量讓你相信自己，相信眼前的困難都是一時的，只要你繼續前進，就一定可以克服。

／

那天在被問到人生的轉捩點時，我又重新掉入當天考試放榜的情緒之中。

其實，就算此刻邊寫邊回憶，還是覺得當時一個人在房間裡跳來跳去的反應過於戲劇化，但這件事對我而言實在太深刻，那反應千真萬確，那畫面依舊鮮明。

如同那天我回答聽眾時的結語：「努力也許不會有好的結果，但它會在人生某個時刻有了意義，或是讓人在面對死亡的那個時間點，跟自己說，此生沒有白活。」

人生的轉捩點，就是在你發現自己過去的努力沒有平白付出的時候，就是在你相信自己正在為值得的事情堅持的時候，就是在你知道無論結果如何，都不可能白走這一段路，因為你一直在為想要的人生努力拚搏。

PART 4

往前走下去

人生是自己的，
我們都要從壞事中學到東西，而不是被人偷走往前的動力。

別對未來失去希望，別因困境放棄自己

艾・語錄

別因為他人的眼光而限制自己，
很多時候，外人不會在乎你經歷了什麼，
只在乎你的結果是什麼，
有些人還期待你會失敗而落魄。

因此，你一定要給自己最大的支持。
人生是自己的，
我們都要從壞事中學到東西，
而不是被人偷走往前的動力。

如果樂觀可以解決所有的問題，世上就不會有那麼多悲傷的事。

然而，從古希臘哲學到現代心理學研究，樂觀主義經常是學者探索幸福的主題。如今，我們也活在推崇樂觀的社會風氣裡，網路上用來對比樂觀與悲觀的諺語，幾乎都偏向樂觀主義比較好。

「樂觀者看見杯中還有半滿的水，悲觀者看見杯中的水少了一半。」

「樂觀者在困難中看見機會，悲觀者在機會中看見困難。」

「樂觀者認為眼前事物是世上最好的一個，悲觀者擔心最好的只有眼前這一個。」

「根據研究，樂觀的人比悲觀的人更長壽。」

有一句則是我讀到時印象格外深刻：「悲觀者正確，樂觀者成功。」意思是，抱著悲觀想法的人通常不會貿然改變，自然也就不會出錯，可是最後真正能成功的人，都是樂觀期待結果而付出行動的人——這聽起來多麼激勵人心！

只是，身為一位性格樂觀的人，我要坦承地說：不，樂觀不一定就好。而且我們不該輕易就陷入這種二分法的思維。

一般來說，樂觀的確比較好，不是嗎？如果做問卷調查，我認為多數人會覺得樂觀積極比較好。抱著樂觀心態，會讓人看事情更正向，會帶給自己希望，會讓人更堅強，會讓你在人生前景模糊不清時，依然提起勇氣向前行動。

不過，有些時候樂觀確實不好。一項由英國學者大衛・德・梅薩和克里斯・道森進行的研究提到，樂觀主義者會過度忽略風險對自身的影響。

比如在衡量未來的財務狀況時，太樂觀也不行。你想想，一位對將來自身經濟狀況樂觀的人，可能會比較不擔憂自己未來的退休收入，也比較不會煩惱將來的醫療支出，或是有信心自己的投資在退休後會持續增長。因此，財務樂觀者可能會在年輕時存較少的錢，還可能忽視年輕時照顧健康的需要。

另一方面，一位對將來經濟狀況悲觀的人，則可能會擔心未來工作沒有著落，煩惱老年後的健康狀態，會傾向規避投機的風險，以及擔心如果將來投資績效變差該怎麼辦。因此，財務悲觀者可能會趁年輕時多存點錢，並提早開始注重飲食跟身體健康。

你認為，兩者誰的退休生活品質會更好？說實在，沒有確切的答案。但如果我們換一個問題：退休後**誰**比較可能應對經濟動盪的風險？我會投財務悲觀者一票。

當然，事情本身可能更複雜，或許財務悲觀者會在平日徒生不必要的壓力跟煩惱，間接影響自己的身心健康，或是在投資理財上過於保守，導致投資績效不足。相對來說，樂觀者可能因為在工作上表現得更積極，長期下來有更多的收入可用於投資，投資結果更好。

不過，這裡也就點出一個觀點——我們不是要選邊站，而是選擇站在適合自己的地方。有些時候，看待事情悲觀一點比較安全，有時候樂觀一點比較有動力。重點是，你應該視情況選擇悲觀或樂觀，你應該讓兩種思維共存在大腦裡。

關鍵不在於悲觀或樂觀，關鍵在於你知道何時要切換。

史托克戴爾將軍是美軍史上的風雲人物，他就是藉由在樂觀與悲觀之間切換，才能在戰俘營中生存下來。

在一次飛行墜機後，將軍的人生發生戲劇性的轉變：他從一位美軍將領，變成了北越的戰俘；從一位受人愛戴的領袖，變成遭人唾棄的罪犯。當時，他認為只要堅持一陣子，美軍就會取得勝利並救出他們。但等到他終於走出監禁處的大門時，卻已是七年之後的事。

「他是如何撐過那七年的？」當將軍以英雄之姿被接送回國時，人們不僅對他表示敬佩，更好奇他是如何撐過多年的嚴刑拷打。何況在當時，他是被監禁的戰俘中軍階最高的人，承受了更多的怒罵跟凌遲，而且為了抵制被抓去遊街示眾，他還刻意劃傷自己的臉，或是撞牆使臉部腫脹到無法辨認。

在一次訪談中，將軍回憶他之所以能撐過那七年，是因為抱著樂觀的想法，相信自己終有一天能被救出來。但他也強調，光有樂觀不行，因為單純地樂觀會讓人在希望與幻滅之間載浮載沉，會讓人幻想下一個聖誕節就可以碰觸到家門，隔年卻依然被關在鐵門之後。

當史托克戴爾被問及那些未能脫身，最終喪命在戰俘營的同袍都是怎樣的人時，他回答：他們都是樂觀主義者，最後卻在絕望中離世。

換言之，樂觀確實會帶來一絲希望，但隨之而來的心碎又會把人擊倒，反覆的起落之後，有天就決定不想再撐下去了。因此，**想要撐過難熬的日子，就必須在需要積極時不過於悲觀，在應該謹慎時又不過於樂觀。**

正所謂過猶不及，物極必反。單純地悲觀不好，單純地樂觀也不好，在這個殘酷的現實世界裡，我們必須學會讓這兩者共存。

懂得在樂觀與悲觀之間切換，也是為了讓自己的人生走得更遠，不因一時的衝動，斷送自己長期累積的努力。

巴菲特曾說：「要建立良好的聲譽，需要二十年，但要毀掉良好的聲譽，只需要五分鐘。」這句話之中的「聲譽」兩字，我們可以替換成許多詞：能力、感情、事業、信任、友誼、品格。這些事情有個共同的特性：短期內很脆弱，長期下來又非常穩固。

它們的背後都蘊藏一件事：珍貴。

之所以珍貴，正是因為需要經過長時間的累積。短期就能獲得的事物，要麼不怎麼值錢，要麼無法保值太久。就以外語能力來說，如果學會流利的外語只需要一個月的時間，擅長外語的人在職場上就不會那麼吃香。又如同投資，如果短期輕易就能獲利，那麼有錢人應該會是多數。至於感情，如果只需要短暫的經營就能長存，結縭幾十年的婚姻就不會令人如此稱羨。

只是，人生旅途中有那麼多的誘惑，也有那麼多的痛苦，要如何堅持下去呢？史托克戴爾將軍的例子就值得效法：我們可以在短期時悲觀，但依然對長期保有樂觀。

短期來說，我們要謹慎地過日子，不貪圖走捷徑，不因一時的衝動毀掉自己珍貴的事物。長期來說，我們要相信未來會比現在還好，相信眼前這條路只要走下去就會看見機會，從中找到動力跟毅力克服一路上的困難。

幾年前我分享過一則語錄：「有時候，你需要承受短暫的不舒服，來換取日後更舒服的日子。」當時是勉勵讀者要努力存錢，但這句話套用在人生各個層面都同樣適用。

短期的悲觀，不是對未來失去希望，而是為了讓自己安穩走過風雨；長期的樂觀，不是對自己過度膨脹，而是為了避免遇到困境時放棄自己。

／

撇開悲觀或樂觀，我們要追求的是平衡且實用的心態。這也是前面兩位學者提倡的，不需要在樂觀主義或悲觀主義之間二選一，而是可以擁抱務實主義，依現況調整自己應對的心態。

人生最不需要擔心的事，就是永遠不缺需要人去擔心的事。並不是我們喜歡為自己找麻煩，而是這世界的運作方式本來就很混亂；要在人生中同時保護好珍貴事物，又期待自己持續茁壯，就需要能在樂觀與悲觀之間切換，在兩者之間取得平衡。

每一天，我們都會遇到許多事，有些事好，有些事壞，只是大部分我們都無法控制；如果可以控制，日子可就隨心所欲了。實際上，沒有人可以控制問題會在什麼時候出現，以及用什麼方式出現，還有會如何展開。

但，我們都有能力決定，在事情發生之後怎麼面對跟收拾。

對短期悲觀，是因為知道自己還有很長的路要走，走得快慢不重要，能否走得久遠才重要。

對長期樂觀，是因為知道人生的旅途將比預期中殘酷，路上更容易遇到壞事的打擊，還有遭受別人莫名的批評。我們會需要給自己勇氣，不讓自己在遭逢厄運的打擊時，就此被打倒。

該悲觀時不躁進，該樂觀時不放棄；一邊持續努力，一邊維持韌性。往後的日子，就允許事情用它自己的方式發生，而我們儘管，用心過好自己的人生。

生活愈難，愈要讓自己快樂起來

艾・語錄

不要被無法控制的事綁架心情，
也不要因為討厭的人憂愁煩心。
遇到無法控制的事，
有能力就想辦法繞過去；
還沒有能力，就調適心情放過自己。

記得，要照顧好自己，
因為心情一旦感冒了，
要很久才會好起來。

我想，大部分人並不覺得自己要跟「戒斷」扯上關係，因為提到戒斷，往往會跟「上癮」聯想在一起，會覺得是做了某種不好的行為。

然而，現代人的確可能都有上癮的問題，不是對藥物、香菸或食物成癮，而是一種大腦渴求的激素——多巴胺。

對多巴胺成癮是近年來愈來愈多專家重視的問題，而「多巴胺戒斷」一詞也漸漸出現在不同書籍中。所謂戒斷，聽起來好像很嚴重，其實就是暫時停止攝取某個日常依賴的事物。好比我在生活中會不定期進行咖啡因戒斷，目的就是斷絕自己對咖啡因的依賴。

我並非對咖啡重度依賴的人，但仍然希望自己的咖啡因攝取量維持在某個上限就好。所以，每當我喝完同一杯容量的咖啡後，若提振精神的效果不明顯，我就會刻意忍住一兩個星期不喝咖啡，之後同樣的咖啡容量就能再度達到提神的效果。

至於多巴胺戒斷？我第一次聽到時覺得好奇，但後來知道自己已經嘗試過。幾年前我試著挑戰一個月不看 YouTube 跟電視，那陣子生活品質明顯提升，後來才知道我當時就是在戒斷對多巴胺的依賴，也算是第一次體會到多巴胺戒斷的好處。

只是話說回來，人沒事好好的，為何要戒斷多巴胺呢？

答案是：你可以找回自己的快樂和平靜。例如，在二〇二三年，我因為要重啟閒置兩年的影音頻道，工作量一時之間增加不少，使得我原先習慣的生活節奏完全亂掉，身體還一度出現過勞的現象，導致工作的動力漸漸流失。

奇怪的是，我發現自己在晚上休息時，竟然更頻繁地滑手機上網，不斷瀏覽網頁想尋找影片、圖片來消磨一天剩餘的時光。可是這樣做不只沒有緩解我的疲勞感，反而使我的心情變得鬱悶，愈來愈不快樂。

後來，我就是實行一陣子多巴胺戒斷，克制自己不要去看太多無意義的新聞，還有不要為了打發時間就拚命滑手機，而是花更多時間閱讀、運動，多跟人接觸。幾天後，我的工作動力不只恢復許多，生活中也更容易感到開心。慢慢地，我就算從事低多巴胺的活動，也可以獲得滿足與快樂。

其實，大腦分泌多巴胺原本是身體求生存的機制之一，是為了讓我們有動力去尋找食物活下去，因此大腦演化出各種能促進多巴胺的獎勵機制，慫恿我們去做能激發多巴胺的行為。

只是到了現代社會，生活中有太多能誘發多巴胺的事情，而且許多都是被科技公司刻意設計出來，目的是讓我們花更多時間流連在應用程式裡尋求快樂，卻也導致人可能隨時都處於「高多巴胺刺激」的環境中。

這會間接引起兩個現代人要重視的問題：一、只能促發低多巴胺的行為將不再吸引人，比如閱讀、運動、跟朋友聊天、靜靜地欣賞大自然，這些都會變得讓人興趣缺缺；二、長期處在高多巴胺的環境中並不會讓人變得更快樂，反而是在大腦適應後需要更多的多巴胺才能快樂。

但想想，這是惡性循環吧？為了獲得更多的多巴胺，你需要去看更多有趣或刺激的影片，打更多電玩遊戲，買更多能讓你滿足的商品，冒險從事更新奇的活動，甚至嘗試違法的興奮劑，都只為了尋得開心。而且這些誘惑還不是你輕易就能抗拒的——因為大腦太喜歡多巴胺了——導致日子漸漸過得猶如「貪食蛇」遊戲，吃完一個果實要再吃另一個果實，蛇身愈來愈長，卻不能停下來。

戒斷多巴胺的道理跟忍住不喝咖啡相同。隨著身體對咖啡因的適應，就會需要更多的咖啡因才能提神；忍住一陣子不喝之後，身體對咖啡因的需求就會減少，恢復到只要少許咖啡因就能提神的水平。

戒除對多巴胺的依賴也是，遠離高多巴胺刺激的生活一陣子後，就能降低快樂的門檻，不需要太刺激的活動你也能感受到快樂。美麗的夕陽會重新映入你的眼簾，那些處在生活角落中的美好會重新被你發現。平靜，會再度回到你的身邊。

生活愈難，我們愈要知道如何讓自己快樂起來；多巴胺戒斷就是一種方法。我們不需要完全避開高多巴胺的世界（上網跟追劇還是能療癒自己），只是活在網路時代，你不妨也嘗試戒斷多巴胺看看，尤其是當你發現自己愈來愈不快樂時，或是當你開始容易動怒、出現憤世嫉俗的情緒時，或許，就是你需要暫時遠離高多巴胺刺激的活動，重新找回自己的時候。

縱使生活不夠飽滿，你依然要給自己溫暖

艾．語錄

人無法控制的事有很多，
好比未來會有什麼變化，
好比別人是怎麼看自己，
這些都不是自己能掌握。

我們真正能做的，是在事情發生之後如何反應，
或是藉此成為更好的自己。

人生這條路，好好陪自己，
試著放下心中不好的事，
別讓那些煩憂占據自己的生活。
練習放下，不代表那件事對自己沒影響，
而是知道有更重要的事需要你在乎。

有一段時間，我對設定目標格外排斥，認為追求目標只是一場無止境的遊戲，彷彿行駛在環狀線上的列車，抵達這一站就要再前往下一站，看不到終點。

可是，一方面我又知道設定目標的重要性跟必要性，它就像生活與工作上的北極星，可以在荒蕪的日子裡定位一個方向，也定位自己。

直到後來，我慢慢理解目標存在的用意——是應該設定目標，但不能只看重目標。因為設定目標的意義，不只是包含「達成」而已，更是確保自己走在想要的人生道路上，也提醒自己不要只是重視結果，更應該重視過程。

重視過程而非只重視結果，是一種心智上的轉變，從落差心態轉換到收穫心態。

這兩種心態——落差跟收穫——是由企業顧問丹．蘇利文所提出。他根據自己輔導企業的經驗，發覺人會以這兩種心態衡量自己的進展。**抱持落差心態時，人會只關注目標跟現況之間的差距；持有收穫心態時，則會關注自己已經實現多少進展**。前者是從終點看向現在，後者是從現在望向起點。

聽起來兩種心態只存在解釋上的不同，但根據心理學家強納森・海德提出的「進展原則」理論，人在朝向目標前進的過程中，會感受到自己有進展，這些正向情緒有助於實現目標。從這個角度來看，抱持收穫心態或落差心態的差別就很明顯，前者是提醒自己已經走了多遠，後者卻是提醒自己還有多遠才能走完。

然而，或許因為人類演化的生存機制，在沒有刻意練習的情況下，人總是習慣用落差心態看待達成目標的進度。這會導致我們苛責自己不夠努力，摧毀自己辛苦的付出。

比如，以下就是用落差心態來看待人生的進度：

想要存到頭期款買房子，每次查看存款時都是在乎還「差」多少錢，而非已經累積到多少錢。

希望在職場升遷，但心中覺得不知道還要等待「多久」才能遇到升遷的那一天。

已經出社會好幾年，不知道「何時」才能找到好的工作。

跟某個目標擦身而過，心中抱著「差一點就能實現」的遺憾。不再年輕了，距離○○歲「只剩」不到幾年。

兩種心態的差異，在競爭激烈的運動賽場上更能凸顯。有學者比對過頒獎典禮的照片，發現當亞軍的成績只比冠軍差一點時，頒獎時臉色明顯帶著失落感，就連季軍的選手看起來都比亞軍開心。

此外，落差心態還會讓人把關注的焦點從自我可控的內在因素（自己對某件事的看法），轉向不可控的外部因素（別人對自己的看法），導致產生不健全的依戀心態，會不斷想要索取更多，會難以感到滿足，一旦沒有實現更會產生挫敗感。

常見的例子，就是許多人會在累積到原本設定的財富目標後，轉而說服自己需要更多的錢才可以，把人生的滿足感建構在金錢數字的累積上。

另一個例子，是藉由他人的評價來尋求自我肯定，卻始終覺得自己無法達到別人的標準——會煩惱自己的外貌、身材符合不了別人的審美觀，會覺得自己目前的成就不值得一提。

結果是，達成一個目標後開心沒多久，就會忙著去追求下一個目標，如同環狀線上的列車，看似前進卻沒有終點。

／

相對來說，收穫心態則是要提醒自己目前已經有多少進展，而不是關注自己還缺少什麼。

必須說，這真的不容易。因為人就是習慣關注自己的缺陷，要一再刻意地提醒自己，才能察覺自己的人生一直默默在向前發展。

有一年我在做年度回顧時（開頭提到失去設定目標動力的那段時間），就注意到我總是關注現況跟目標之間的差距，從而忽略自己成長了多少。隔年，我就開始記錄平時工作與生活上的特別時刻——我稱之為自己的**成就時刻**——上面記錄我何時完成了新著作，或是個人存款、資產累積多少金額，還有去過哪些地方旅行，跟家人、朋友的聚會，期間創造多少美好回憶。

對我來說，成就時刻不是一份日記，而是以條列的方式提醒自己做過什麼、去過哪裡，上面呈現自己收穫多少事情，而不是還有多少事情沒有完成。它是一份累積人生進度的存款簿，不是還欠多少進度的債務帳本。

記錄的時候，我也不會用社會簇捧的價值來衡量自己，甚至內容膚淺一點都沒關係，所寫內容只會從自己的角度來看待，跟其他人做了什麼無關。

我把那份成就時刻保存在手機裡以便隨時查看，至今已經成為我的重要文件之一。每當我打開那份清單時，心中都會揚起滿足之帆，找到更多動力前進。

人常說感謝是一種力量，不是嗎？**我們除了要感謝此刻自己所擁有的事物，感謝曾經幫助過自己的人，也不能忘了感謝過去的自己——曾經是那麼地努力，才讓自己擁有了今天。**

換言之，抱著收穫心態來看待事情，也是抱著感謝的心態善待自己。

生活從來就不容易，當我們在為人生努力時，不會一路上都遇到好事，說不定還會接二連三碰到壞事；可能是被同事無端責怪，被親戚刻意刁難，或是被信任的人暗中陷害。

更別說，就算你在生活中做對所有事情，結果還是可能出錯。人生就是如此百感交集。

然而，縱使生活不如想像中飽滿，我們依然要練習給自己溫暖。從落差心態轉換到收穫心態，不僅僅是換個角度處理事情，更是用正向的方式鼓勵自己——那個熬過來的自己。

要知道，一件事不論帶給我們的是美好或煩惱，終究只是一時的結果。我們該學習的是，如何在美好之中找到更多動力，在煩惱之後試著讓它過去。

這才是擁有收穫心態最大的益處：**在難免起起伏伏的人生中，學會看見自己的好，練習肯定自己的付出，用成長的角度看自己，而不是用懲罰的方式對自己。**

人生漫長，願接下來的每一天，我們都能在努力中看見收穫，都能在日子裡享受生活。

練習為自己打氣，別因挫折而放棄

艾・語錄

人生難免遇到低潮，
尤其是你正在努力改變生活的時候，
你需要面對不熟悉的狀況，
你需要學習不擅長的事情，
你需要克服對自己的懷疑。

然而，值得的事通常需要努力才能擁有，
好事也通常都發生在舒適圈的另一邊。

你要相信，事情再壞，都有慢慢好轉的可能；
努力再累，都是漸漸改變的過程。

你嚮往有一天徹底改變人生嗎？

從小我就是個星空迷，對於浩瀚無垠的宇宙充滿好奇，每當仰望天空那一閃一閃的星星，遙想它可能位於一個跟地球截然不同的生態領域，就覺得這一切好不可思議。

而在跟宇宙有關的理論中，有一處名為「奇異點」的地方，根據理論它就位於黑洞裡。那是一個體積無限小、重力無限大的地方，那裡的一切打破人類對現實的所有認知，會發生什麼事沒人知道，充滿無限的可能。

如果你看過電影《星際效應》，片中主角最後掉進一個多維度的世界，那裡的時間跟空間都扭曲在一起，讓人可以恣意遊走在過去跟未來，當時主角所處的環境就是跟奇異點有關。

如果把人的一生也比擬為浩瀚的宇宙，不知道人生是否也存在著奇異點？當我們遇到它的時候，眼前會充滿各種無窮無盡的可能，人生也在轉瞬間變得徹底不同。

我想許多人，包括我自己，或許會期望自己的人生有一天徹底發生改變，對未來懷抱著無窮的希冀。這並非對現況感到不滿足，人可以在對生活滿意的同時，也期待自己的人生有變更好的可能。

然而，宇宙中的奇異點是否真的存在呢？目前它還只是一個研究理論而已，至今仍無人知曉宇宙中是否存在奇異點。

而人生中的奇異點呢？說實在，或許也不存在。多數時候，人生很少會突然就徹底改變——你不會某天銀行存款暴增而實現財務自由；不會某天在職場中跳升好幾個職階；不會一天之內就擁有自己想要的體態；不會一下子就改善生活。

你不太可能什麼努力都不用付出，某天突然就遇到夢寐以求的發展機會。短時間就能實現的事情都很吸引人，如果不需要費太多力氣更好，但如果有人跟你保證可以幫你實現那些事，請先懷疑對方是想要詐騙你。

事實上，就算人生中存在奇異點，也需要我們具備「發現」的能力，才能在關鍵時刻意識到它的存在，並抓住其中的機遇。

比方說，你想要換一個全新的職業，前提還是要先具備相關的工作技能；想要累積財務自由的資金，前提還是要先制定存錢計畫跟學習理財知識；想要過理想中的生活，前提還是要先知道自己想要什麼。

以我自己來說，也是在網路上寫了幾十萬字的文章後，才遇到出版著作的機會；是先錄製跟剪輯上百支影片後，才有辦法自己獨立製作線上影音課程。

人生的改變，通常都是徐徐展開，漸漸變化，某一天才突然察覺自己跟許多年前早已不同。過程中發生的事情看似平淡乏味，回想起來卻又充滿點點滴滴。

這情況跟人類探索宇宙的進展很像，人類對宇宙的了解至今依然非常有限，但隨著每年新科技的推進，我們對宇宙的認識相較於過去有顯著的不同。原本連火箭要突破地球天際都很困難，如今探測器已經可以順利登陸火星。

人生的進展也是如此。無論此刻我們是多少歲數，對於往後的人生依舊是未知。只要願意，當然可以保持現狀，但若想要改變，也一直存在機會。縱使做出小小的變化，都可能在未來徹底改變生活。

關鍵在於，**你的目標不是找到人生中的奇異點，而是找到動力驅使自己每天進步一點**。如同人類探索宇宙那樣，科技的進展速度看似緩慢，卻不斷把人類的眼界帶往宇宙更深的地方。

不論是宇宙的浩瀚或人生的變化，都充滿未知的可能。如同那些遙遠的星星引領著科學家不斷探索，我們對於生活的夢想跟努力也會引領著自己持續前進。

或許有那麼一天，在科技持續發展與太空梭不斷升空的努力下，人類真的能發現宇宙中的奇異點；就算還沒發現，那些技術結晶也依然會推升人類生活的進步。

我們對待自己的人生也是，持續地成長或許有朝一日真的會遇到自己人生中的奇異點，瞬間徹底改變生活；若沒有，相信那些付出也必定會推升自己生活的進展，朝著想要的生活而去。

一天一點，朝向自己想要的生活前進。

在逆境時磨練自己，在順境時超越自己

艾．語錄

沒有總是順利的生活，
日子裡難免會有不知所措的時刻。

然而，人生即是如此，
會因為迷惘而探索自己想要什麼，
會因為糾結而釐清自己在乎的事。

學習陪自己療傷，學會替自己撐傘，
暫時提不起勁，就試著先慢慢過日子。
人生，偶爾會需要後退幾步，
才能慢慢找到新的出路。

如果有機會可以選擇，從現在開始遇到的好事會比壞事還多，好跟壞的比例近乎九比一，你願意選擇那樣的餘生嗎？

這並非陷阱題，你不需要犧牲任何現有的人事物，不用考慮物極必反或業力引爆的可能性，範疇也不涉及深奧的哲學，你可以放心地用直覺回答。

我猜在此條件下，會回答「不願意」的人應該是少數。

可是現實中的人生並非如此，對吧？從心理學角度來看，由於負面情緒比正向情緒帶給人的感受更強烈，人會更容易記住發生在自己身上的不愉快經歷，對自己所遭遇的壞事印象更深刻，整體而言會覺得人生遇到的逆境比順境還多。

一天當中有分白天跟黑夜，但黑夜的漫長更令人難熬。考試會有及格跟落榜，但落榜的懊悔更難以言喻。創業有分成功跟失敗，但失敗的情緒更令人糾結。事件的影響有分正面跟負面，但負面的影響更容易讓人煩惱。

即使這個世界比想像中更多元、更複雜，我們往往仍傾向用二分法來解讀，因為二分法的方式比較好懂，思考上也就因此臣服。但也因為如此，當遇到一件事的結果同時包含正面跟負面影響時，我們反而會忽略中間的解讀空間，只將焦點放在負面影響上，進而對自己的遭遇做出負面的總結。

然而，有個概念我一直謹記著：**我們都無法選擇會遭遇什麼事情，我們真正能選擇的是自己的反應**。事情本來就有好的一面，也有壞的一面，而我們應該練習關注對自己有幫助的那一面。

／

我第一次接觸到這個概念，約莫是在二十多歲即將步入社會時。雖然離出社會還有一年，不過內心已經渴望將來能有一番作為，當時讀了許多跟增強信念有關的書籍，有些讀起來還帶點「心誠則靈」的意味。

要坦承，我學到的大多數都沒有用，不過有幾個至今倒是印象深刻。

其中一個就是正向看待事情的心態：既然人生注定會遇到許多問題，何不就抱著一種信念，把這些問題看作是成長的機會。就像許多人所說，快樂是一天，難過也是一天。

多年後我從《反脆弱》一書也讀到類似的概念，書中是從投資的角度帶出一種人生觀：如果你可以在投資順遂時賺到足夠多的錢，在不順遂時虧損較少的錢——能夠不虧錢更好——長期下來你的投資獲利機率就會增加很多。

人生也是如此。**如果我們可以在順境時持續發展自己的人生，在逆境時磨練自己的心智，長期下來人生也會往好的方向發展。**

此外，在《人生4千個禮拜》一書中，作者也提到他的經驗法則，其中一條就是「讓自己喜歡上問題」。畢竟人生不可避免會遇到問題，如果我們下意識排斥遇到問題，或者認為就是不應該遇到麻煩，那其實才會帶給自己更大的麻煩。喜歡上問題，就會有辦法看到問題之中的機會，解決它，然後成長。

強調一下，「喜歡」遇上問題，不表示「歡迎」遇上問題，這跟吸引力法則無關，而是指心智上的轉換。你不會因為喜歡遇上問題就真的容易遇上問題，抱著此心態是為了尋找正面的情緒來看待問題。

如果這輩子可以持續練習正向解決問題的心智，懂得把壞事視為機會，讓

自己不排斥碰到問題，甚至樂於面對問題，人生會從此開闊許多。你會開始打開二分法思考的習慣，不再輕易用好壞、黑白、優劣來區分眼前的事物。你會擴展自己的選項，用對自己更有幫助的方式解讀眼前的挑戰。

說得更熱血一點，在各種人生問題面前，擁有這種心智的你幾乎都有辦法克服，因為遇到好事你會開心，遇到問題對你來說也是充滿機會。

當然，人生有些壞事是無論如何都不想遇到，也很難視為機會，比如家人不幸生病、逝世，或是自己努力一輩子的事情憑空被人奪走，這些都很難說轉念就轉念。這裡指的並非這些事，如果我說無論遇到什麼人生大事，這心態都能幫助你克服，就未免過於誇大。

至於日常工作、生活中會遇到的多數問題，或是人生突如其來的轉折，擁有這樣的心態確實都能幫助到你。

科技趨勢專家凱文・凱利說過：「痛苦是無法避免的，但是否因為痛苦而受折磨，是人的選擇。」哲學家亞里斯多德也說：當苦難變得美麗，不是因為我們的心靈麻木了，而是因為我們的心靈開始茁壯。

蘋果創辦人賈伯斯則說：我們無法知道現在做的事情對未來有什麼影響，所以人必須信任某些東西——直覺、命運或任何事物都可以，這將給予自己信心，為自己找到出路。

如果可以，我不希望遇到壞事，也希望自己的日子可以無比順遂，我希望餘生遇到好事跟壞事的比例高於九比一。但，這不阻礙我磨練自己的心智，去面對往後不確定的人生。

生活總會遇到壞事，是人都會陷入低潮，也許是整天的情緒被一場意外打亂，也許是別人莫名地誤會你，也許是遇到接踵而來的倒楣事。又或者，你可能對人生忽然感到徬徨，對於眼前的生活失去動力，對於未來又沒把握該去哪裡。

其實，人生本就起伏不定，有好日子也會有壞日子。好日子出現時自然令人開心，卻也容易被淡忘；反而是壞日子發生時因為痛苦才特別有印象，以至於特別擔心。

無法避免的是，人生的很多困擾還是會不請自來。然而，當我們具備正向心智去面對那些問題，就會更有能力找到方法克服，相信也就有更多的好事會隨之而來。

所以，**試著在逆境時磨練自己，在順境時超越自己，在或好或壞的日子中，逐漸成為更好的自己，讓心智變得更強大。**

不須埋怨人生，也別太苛求自己，人生或許很複雜，但我們都可以用簡單的心跟隨自己。要相信，沒有過不去的今天，沒有走不出的困境，事情總會用更好的方式出現，而變好的未來，正在等你用成長的自己去實現。

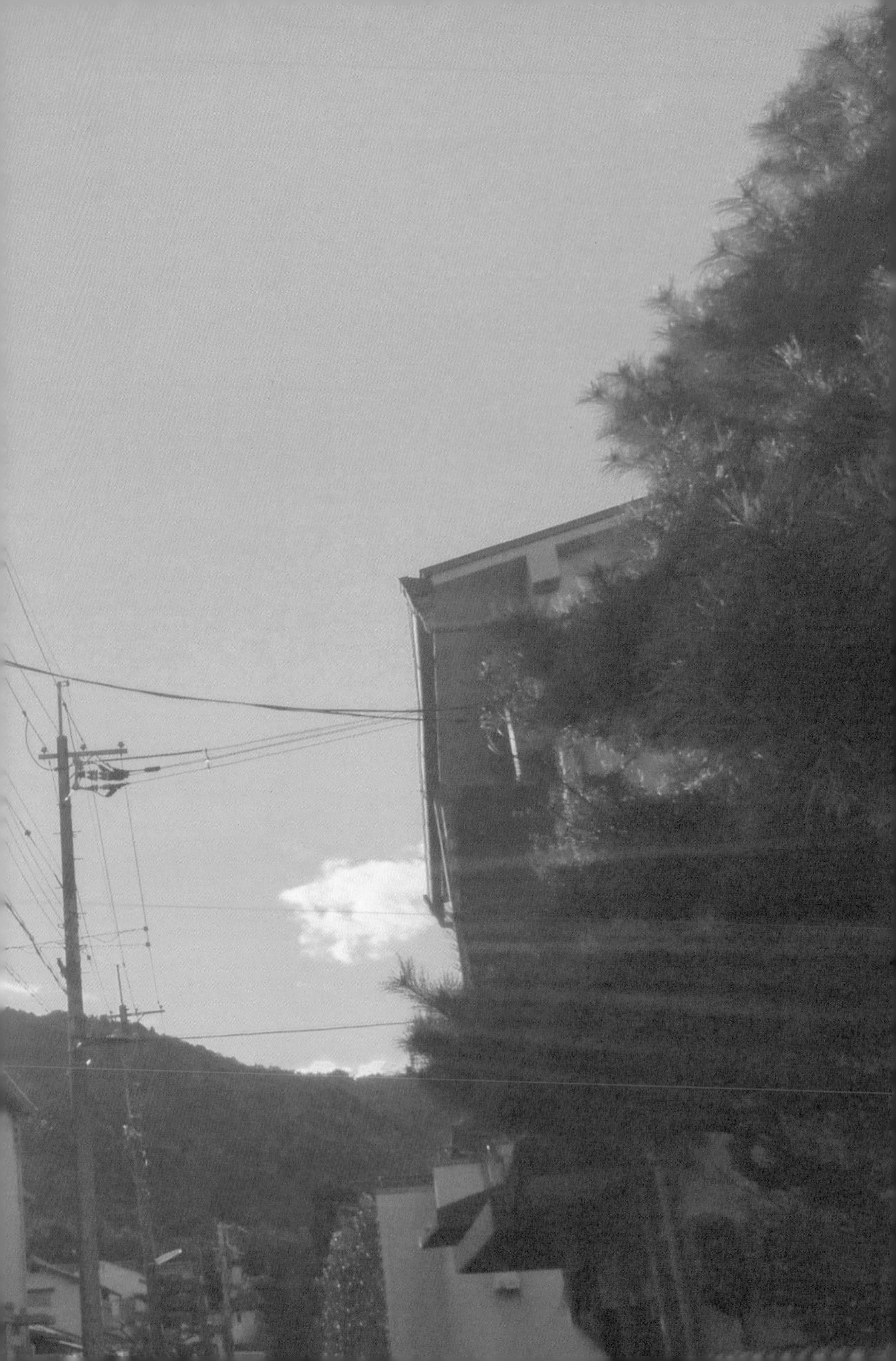

PART 5

漸好的日子

很少有什麼努力是無用的，
日子一天一天地走，你也一點一點地前進，
而成效也正在看不見的地方累積。

夠好的自己，更好的生活

艾．語錄

人都有比較的天性，
會放大自己的缺點，忽略自己的優點，
會覺得自己不如別人。

其實，比較無法帶來成長，
反而會毀掉你的努力，甚至讓人消極。

你沒有不好，只是過於在意自己的不足。
生活始終是自己的，
無論好壞，都值得細細品味。
覺得自己夠好並不是要放棄人生，
而是決定要放過自己。

無論是在社群平臺發文，或是在網站上撰寫文章，我不時會以自我成長為題。然而，我曾經質疑過：如果一個人覺得現況已經夠好了，還需要追求更好的人生嗎？

這問題引發我的「存在危機」，畢竟在成長過程中，追求**更好的自己**就是我的價值觀之一，也是我過去幾年學習成長與分享經驗的動力。如果失去追求更好人生的意義了，我該從什麼角度看待自己？

先說結論：如果你覺得目前的生活已經夠好了，確實不需要刻意追求更好的生活品質。但有一個前提，你尚未失去對生活的熱情。

請讓我從一隻北極熊開始說起。

／

紐約的中央公園裡有一座小型動物園，那裡曾經發生一起令管理員納悶的事：園區裡一隻名叫格斯的北極熊因為不肯進食，導致生命跡象開始衰退。這起事件在當時還引起一些媒體的關注。

格斯並非老了，也不是沒有活力，牠每天還是會依照慣例在水中游來游去，上上下下浮出水面又沉入池裡，彷彿知道自己是園區裡的明星，盡責地表演給路過的遊客看。但不知為何，格斯看起來就是有那麼一點沮喪，而且排斥進食。

眼看格斯的健康每況愈下，園方轉而求助動物心理學家。學者觀察之後，認為格斯應該是失去生活的動力，建議要給格斯更多的**刺激**，讓牠產生在野外生活的感覺，進而喚醒獵食的本能。後來園方開始把食物藏起來，還在各處放置玩具讓格斯可以玩樂。有了獵捕的樂趣後，格斯的熱情因此被重新點燃，最終順利恢復進食。

想想，人在面對生活時好像也是如此，無論是失去挑戰的工作，或是面對無法點燃熱情的目標，都會感到有些乏味，活不出意義感。也因此，我們才會希望生活有變化，期待自己的成長。

這也是人跟動物最大的區別，我們不會只滿足於基本的生存條件。我們會想吃更美味的食物；會想去更壯麗的國度；會想買更新穎的商品；會想升遷、賺更多錢；會想成為一個更好的自己。

人類經過演化之後，早已學會透過「比較」跟「不足」來追求自身的成長。這是埋藏在你我基因裡的天性，無法輕易想擺脫就擺脫。

然而，有不少研究也顯示，雖然人類可以藉由比較找到成長的動機，卻也可能因為想要追求成長，間接為自己帶來不必要的痛苦。我們會因此太在乎別人的眼光，會從別人看待自己的角度來調整自己的行為；我們會渴望擁有更新的商品，而且最好是比周圍的人還新。

追求更好的人生狀態，理當是一件美好的事，只是如果它的動力來自深怕自己不如別人，這個美好就會漸漸變成煩惱。你會開始想像別人的眼光而批判自己不夠好，會擔心別人的想法而貶低自己，會因為得到眾人的讚賞而信心膨脹，卻又因為別人沒空理睬你而信心萎縮。

可是千萬別忘了，**當你覺得自己不夠好時，是因為你只看到自己赤裸裸的缺陷，並且拿去跟別人的最佳狀態比較，而非看見自己完整的樣子。**你覺得自己很差，是因為你把自己丟進不利於你的遊戲規則中，不可能會有勝出的機會。

所以，擁有「追求更好」的念頭，並非因為自己夠好或不夠好，也不是跟誰比較後的結果，而是因為你對自己的生活依然抱有熱情，是為了實現自己人生更多的可能。

／

只是有的時候，僅僅是為了維護現有的人生，我們也需要持續變得更好。

好比工作，能夠從事夢想中的工作當然好，但也不代表在那份工作中我們就可以停止進步。畢竟時代會變遷，工作需求一直在改變，就算你目前從事滿意的工作，也應該預期自己對那份工作的熱情可能有退去的一天。認為自己對喜愛的工作永遠會保持熱情，等於是限定自己這輩子只能吃同一種菜色，或是只能看同一類型的電影，日子很容易就乏味。

況且，熱情原本是個帶點浪漫的抽象概念，一旦要做的事情變得愈來愈具體，就會漸漸跟自己想的不一樣了。你可能需要做很多厭煩的事，才能維持自己對某件事的熱情；你也可能某一天突然對自己夢想中的工作失去興趣，只因為熱情說熄滅就熄滅。

此外，我們不是只有在追求夢想之前才需要面對現實，在實現夢想之後更需要面對現實。當你移除掉夢想外面那層**濾鏡**後，會慢慢看到夢想中的缺憾，以及發現夢想背後的醜陋。你也會需要背負維持夢想的負擔，或是為了不知道要不要放棄夢想而掙扎。

所有珍貴的事情，背後都有需要付出的代價，不是嗎？

以我自己的經驗來說，雖然幸運地發現寫作是自己喜歡的事，而且還無法想像會有一天不再喜歡；如果可以，我真心希望現在的日子能夠永遠持續下去。不過，我也不會讓自己陷入浪漫的幻想之中，認為自己可以一輩子靠寫作維生。尤其是在當前的大環境下，沒有人可以預知某一種工作，會不會有一天就突然消失。

我能做的，就是盡量累積自己的能力，盡力寫出我自己喜歡的作品，讓自己的寫作生涯可以延續。為了繼續從事喜歡的工作，還有維持想要的生活品質，我選擇努力讓自己變得更好，而且是**為了自己**變好，跟別人無關。

類似這樣的想法，從我二十多歲上班時，到嘗試創業，再到走上寫作之路都是如此：**凡事抱最大的期望，做最壞的打算，盡最大的努力，然後把眼光放遠**。當你抱最大的期望，才會有動力前進；當你把眼光放遠，起步不快但可以延續得更久；當你做最壞的打算，才會珍惜自己擁有的一切。我當然不會希望最壞的情況發生，但這就像沒有人開車時繫安全帶，是為了在路上發生車禍。

持續變得更好，也會提供人生更多的選擇權。你的生活會擁有更多彈性，你會保有愈來愈多空間跟時間，可以好好做自己喜歡的事，而不是為了某個外部目的才去做那件事，也就不會被剝奪掉做那件事的樂趣。

到後來，你努力的目的，是為了能做喜歡的事情；賺錢的目的，是為了能賺自己想要賺的錢——你做一件事的目的，是自己想要的目的。

對我來說，不是篤定永遠都會喜歡寫作。也許有一天我不得不放棄寫作，或是面臨環境的淘汰，或是上天覺得我享受這份幸運的時間夠長了，拇指跟食指一掐就把我的熱情燭火熄滅。但正是抱著這種「得來不易」的想法，我反而有動力推著自己變得更好，讓自己有能力保護這一份難能可貴的「喜歡」。

為了能在將來繼續做自己喜歡的事，我們要勉勵自己持續變得更好；畢竟，珍貴的事物就是需要付出代價來保護，生活的熱情就是需要用心去維持。

／

我曾在書上讀過一道哲學發想題：如果你做一件事的成果，完全沒有人會知道，你是否還願意去做？

好比如果你身處一座無人島，在島上有足夠的資源讓你做任何事，但你終究只能自我陶醉，你還會想做那件事嗎？把這個問題想個幾遍，你會更清楚自己做某些事情的原因。

生活不需要過給別人看，我們的人生只跟自己有關。旁人的眼光，終究只能給予世俗的衡量標準；自己的內心，才能評斷做那件事的真正價值。

當你做一件事不是為了別人，那麼是要覺得夠好還是追求更好，都不是最重要的了。一個人可以同時認為自己已經夠好，也可以知道自己還有不足，更可以為了將來變得更好。這之間並不矛盾，也不用納入別人的考量，這是我們自己一個人要獨自行走的旅程，是不需要摻進別人意見的自我對話。

覺得夠好，是在感謝自己過去的努力；變得更好，是在享受自己成長的過程。兩者並不衝突，兩者應該並行。

喜歡現在的自己，也可以同時追求更好的自己。

成長的好處，唯有改變以後才知道

艾．語錄

人一輩子會歷經很多次的改變。
有些是自願的，有些是被迫的；
有些是期待的，有些是無奈的。
雖然我們都排斥不確定的感覺，
但人生就是不斷在改變中漸漸成長。

無論面對什麼困難，有衡量過就好，
別花太多時間擔心未來會如何，
而是用心磨練現在的自己。

相信自己，只要努力，結果是好是壞都沒關係；
只要用心，往哪個方向走都會成為更好的自己。

一天，我做了一個反常的決定：我要重新學習一套陌生的中文輸入法，跟已經用了十多年的輸入法分手。

這聽來並非聰明的點子。畢竟，學習的目的應該是要強化現有的能力，或是增加新的技能。好比學習外語可以增加職場競爭優勢，可以上網查看國外最新資訊，掌握流行或經濟趨勢。

可是學新的輸入法有何用處？原則上，學成以後依然打出同樣的字，腦中的想法不會因此變得更豐富。而且吃力不討好的是，我還要重新適應鍵盤的輸入位置，也要忍受工作效率會有一陣子變得低落。

不過，說實在話，學習新的輸入法，或許是我這些年來收穫最多的前幾件事。

／

不知道你是否想過，自己一天乃至一生要在螢幕或鍵盤上輸入幾個字？無論是寫報告、整理文件、用通訊軟體聊天，人每天都需要打很多個字。

我認為，現今不少人每天說話的字數，已經比用手打的字數還少。像這篇文章我從開頭寫到這裡，含標點符號已經打了約四百個字，還沒有開口說任何一句話，就一個人靜靜地寫著。

所以，我重新學中文輸入法的原因很單純，我想要提升打字的速度，減少花在打字上的時間。對於我這種每日需要大量輸入文字的工作者而言，效益更是明顯。

我簡單算給你看：如果每分鐘能打八十個字，一天少說打兩千個字，等於花在打字的時間就至少二十五分鐘。一年下來要花約一百五十個小時打字，三十年就是花約四千五百個小時——這相當於一百九十天。

而提升打字速度的好處，對我而言就是縮短寫作的時間，我可以更快地把我的想法呈現在電腦螢幕上。對照生活中提升口語表達能力，提升打字速度等於提升自己的數位溝通能力。

其實我之前用的那套輸入法，已經讓我打字速度夠快，但那套輸入法並沒有內建在手機或電腦的作業系統裡，無形之中增加我輸入文字的困難度。這也是促使我學習新輸入法的主因，舊有的習慣已經不再適合新的生活，所以我決定要改變情況。

心理學家說，人想要改變的動力通常來自兩個方向：想獲取某件事帶來的快樂，或是想避開某件事造成的痛苦。但快樂跟痛苦其實是不對等的情緒，學者評估過至少需要用兩倍的快樂才能掩蓋一次的痛苦。所以很顯然地，這部分我是想避開痛苦才換輸入法。

然而，人在心理上都會對改變感到排斥，會掙扎許久依舊不肯行動。事實上，在此之前我已經被手機輸入法的問題困擾快三年，中間也曾經想過要換新的輸入法，卻遲遲沒有轉換。後來是有天實在受不了，才下定決心重新學習新的輸入法。

好笑的是，學習新輸入法的第一個月，我彷彿回到牙牙學語的嬰兒時期，變得不知道怎麼表達。在通訊軟體上聊天時要許久才能打完訊息，寫一篇文章的時間也變長，有的時候靈感明明已經出現了，「下筆」卻困難重重。

不過，跟所有改變的過程一樣，學習新輸入法的痛苦只是一時的，改變之後的獲益卻是長久的。隨著我對新輸入法愈來愈熟練，我的打字速度逐漸恢復正常。

如今，我的打字速度不只趕上原有的速度，在手機上的輸入速度也變快許多，而且我確定從此不管使用的是哪一款手機、哪一個作業系統，新的輸入法都會內建在其中，我再也不會遇到輸入法不適用的問題。

經由這次的經驗，我也再度體會到，**改變的陣痛往往只是提升能力的微小代價。**

想想，人的一生長達數十年，每個人都勢必會在某個人生階段，驟然發覺自己以前熟悉的事物、習慣的方法，似乎已經跟不上時代的腳步。到了那時，每個人都需要決定自己要站在時代的哪一邊。

我是一個老派的人，並非輕易就想擁抱改變，改變的過程的確不舒服。但如果要跟上時代巨輪的轉動，我想刻意維持改變的積極心態，盡量檢視自己的舊思維，而不是固守原本的方式。

改變很難，因為改變的痛苦一開始就會出現，而好處卻只有在改變以後才知道；你要先脫離熟悉的現況，要能克服舊有習慣的拉扯，還需要不受其他人影響。那就像要把深陷泥淖中的腳拔出來，要費很大的力氣，有時還會陷得更深。

然而，這其實也是改變很有價值的原因——你因為捨去了絆住自己的那一部分，換來的是嶄新且更好的生活。

想要的未來，自己給自己

艾・語錄

偶爾留時間給自己，
在生活的縫隙中喘口氣。

為自己沏一杯熱飲，
讀一本書，聽一首歌，
想想自己真正在乎的事。

要知道，擁有的東西再多，
迷失了自己也沒用；
認識的人再多，
不認識自己都沒用。

有錢雖然讓人快樂，但或許不是想像中的快樂。

某天用餐時，電視正在播報當期樂透彩高達五億元的消息。這筆金額雖然不是台彩有史以來的最高紀錄，但已足夠令人遐想一夜致富後的種種可能。高額彩金最終獎落誰家，總是引發眾人好奇，開獎前也是茶餘飯後的閒聊話題。

我平時不買樂透，所以對樂透新聞總是後知後覺，因此當天稍早有人問我如果獲得五億元會怎麼花用時，沒有反應過來對方說的是跟當期樂透彩有關。

其實，平常我對於「如果有很多錢」這類假想題沒有多大的興致，因為這類問題在成真之前，都只是活在腦中的假設實驗，而根據我過往在學校**做實驗**的經驗，失敗的結果還是占多數。

然而，可能是那陣子工作多了一點，休息時心思處於放空的狀態，所以我在被問到的當下，不自覺地開始沉思——或說是幻想——自己中獎後的生活。

如果我有很多的錢，我會做什麼？

我肯定會先嘗試很多現在沒能力做的事，購買現在還沒能力買的物品。我可能會去買一輛舒適的名車，儘管我實際上沒有開車的需求；會考慮搬進更寬敞、交通更便利的房子，即使我很喜歡現在住的家；會安排到更遙遠的國度旅行，雖然一趟日本之行就足夠讓我開心；會去精品百貨公司瘋狂採購，即便我對精品沒那麼熱衷。

再來，我會刪除考量生計不得不做的工作，多留一點時間給自己還有家人。我也會想嘗試現在沒時間學習的事情，比如繪畫、作詞作曲。還有語言，除了加強英文，我還會想學日文跟西班牙語。至於怎麼學？當然是要三不五時飛去當地邊旅居邊學習。

不過，當我擁有足夠多的錢，多到再也不必擔心未來，多到幾乎可以去做任何想做的事，我會想做的，其實就是現在正在做的事情——寫作，還有抱著好奇心探索這個世界。或許將來想做的事會跟現在不同，但我那時也應該是遇到更有熱情的事了。

我覺得有趣，因為其實我幾年前就知道自己想做什麼，但經過那天**用心**思考變有錢的過程後，我還是驚訝自己的答案如此接近我原本想要的樣子。

有足夠生活的錢當然很重要，我不會忽略金錢對現代生活的影響力。能夠做自己想做的事，前提也是有能力養活自己跟家人。何況在成人的世界裡，有錢確實會讓人活得比較自在，而且研究表明愈有錢會愈自在。

所以，如果可以免去經濟上的考量，你會想做什麼？如果你現在還沒有辦法去做，又是什麼原因導致你此刻無法去做？你不妨也可以想想看。

只是或許更值得我們深思的是，即使金錢可以提供生活上的舒適和自由，它真的能帶來長久的幸福和滿足嗎？這將引領我們去思考更深層的問題：自己想追求的究竟是什麼，以及這些追求是否真的會讓自己更快樂。

／

關於人類為何會「嚮往」某些事，學術界至今沒有明確的答案，更別說當那些嚮往的事情實現之後，人是否真能變得更幸福。

有一派學者就認為，雖然此刻是人類文明發展最繁榮的時代，但要說到人類史上最幸福的時代，可能並非我們當下所處的這個年代，而是遠古時期採集與狩獵的時代。

在那時期，雖然人類生活環境充滿威脅，甚至有一餐沒一餐，卻也不至於要擔憂未來，基本上能夠全心活在當下。對於忙碌的現代人而言，能夠活在當下聽起來就是一件不得了的事。

只是隨著後來人類邁向農業社會，也有了現代社會日出而作、日落而息的雛形，原本活在當下的生活型態漸漸出現變化，轉而開始預估未來幾年的農作物收成情況。農業社會的食物是比狩獵時代更充足了，但也因為需要儲備將來的糧食，漸漸開始會思考「未來」的事；農耕後的居住地點不再需要到處遷移了，但也因為要安身立命，開始要思考「居住」的事。

想想，因為對將來開始產生想法，是不是人也多了原本不必要的煩憂？

我不知道，原則上我還是習慣想像自己未來可以做什麼事，這是出於我追求自我實現的內在動力。我樂意自己活在當下，但要我不規畫未來也辦不到，畢竟我沒有中五億元。

只是，當人有了足夠多的錢，是否就不再有煩惱了呢？

二〇二三年，高齡近百歲的查理．蒙格辭世後，一則在他逝世前的訪談被媒體整理出來，其中有一小段內容讓人意外：蒙格先生竟然希望自己能夠因為更聰明、更努力、做得更好，進而累積更多的財富，從擁有數十億美元的身價變成數兆美元。

按照蒙格生前總是妙語如珠的說話方式，這番言論想必也只是帶著詼諧的智慧箴言。然而，他在訪談中確實用認真的口吻描述這件事，而且他說他真的思考過更有錢的話會如何，連主持人聽到後都很訝異。

弔詭的是，如果拿這句話去對照他早年另一句話，聯想起來更是意味深長了。那句話是：「推動這世界的不是貪婪，而是嫉妒。」現在回想，當時他說這句話會不會是一種暗示，說不定蒙格真的嫉妒過比自己更有錢的人；正所謂貧困有貧困的煩惱，富裕也有富裕的煩惱，或許真是如此。

我還滿肯定的，就算我極其幸運地中樂透，到時一定會冒出其他需要煩惱的新問題。就像當初我還是學生時對出社會後的擔憂，如今都漸漸安頓好了，但依然有很多我當初無法料想到的問題，接連冒出來等著現在的我去解決。

擁有更多的錢，可以解決眼前的問題——這點無庸置疑。但當你擁有更多的錢後，你也早已不是現在的你，會遇到此前沒遇過的問題。

因此，不如就從現在開始，慢慢思考自己真正想要的未來是什麼。那些事跟你有多少錢無關，而是你在有錢或沒錢時做起來都會感到滿足的事。你可以想想某些事如果太晚去做是否會來不及；想想如何計畫讓自己能做、繼續做此刻喜歡做的事；想想是否現在該做一點改變，想想是什麼在阻礙自己。

這些種種，我們都可以現在就思考，不需要等有了錢以後。

想要的未來，自己給自己。

人生就是混亂，你需要的是盡快開始

艾．語錄

很少有什麼努力是無用的，
日子一天一天地走，
你也一點一點地前進，
而成效也正在看不見的地方累積。

縱使你對前方的路感到茫然，
但某天回頭看，你會發現自己已經成長。

所謂的成功，
不是在努力過後得到令人稱羨的結果，
而是在努力的過程中，
你逐漸成為喜歡且更好的自己。

說一個我曾經跟夢想差點錯過的故事。

二〇一八年我到日本東京旅行時，打算順路去圓一個小時候的夢想——到現場看一場日本職棒比賽。會說**順路**，是因為長大後較少關注日本職棒，所以也不會刻意安排假期專程到日本看球。但那次旅行的時間點，正好碰到旅日好手陽岱鋼出賽，而且還是經典的巨人隊出戰阪神隊的開幕大戰。眼看機會如此難得，因此早在幾個月前就在網路上買好門票。

到了比賽那天，我一起床就滿心期待傍晚的賽事，也事先安排好當天所有的行程；何時要去哪裡用餐，何時要準備搭電車前往球場，都在前一晚就精心規畫好。我還特地花功夫惡補當天兩隊王牌投手的背景資料，以及一些知名的球星，增加自己看球的樂趣。一切準備就緒，就等晚上球賽開打。

比賽時間是晚上六點三十分，我們約莫五點左右就抵達球場。從地鐵閘門走向球場的途中，一路上可見兩隊興奮的球迷，即將圓夢的我也不自覺亢奮起來。

正當我一邊沉浸在開賽前的氛圍中，一邊準備排隊進場時，我才發現我遺漏一件最基本的事：我忘了把門票收進背包裡！此刻它們還躺在飯店的抽屜中。

那一瞬間我慌了，心想如果錯過難得的開幕儀式怎麼辦，更枉費我花了兩倍金額才買到的門票（合法的）。但當下也沒時間懊悔了，我們只能趕緊搭電車回飯店，衝進房間拿門票，再搭車返回球場。

千鈞一髮之際，我們趕在開賽前入座，順利看到主場廣播介紹陽岱鋼出場。當天比賽的過程更是高潮迭起，完全重現小時候我對日本職棒的期待。日本職棒的特色就是球員的球技都很細膩，舉凡守備、跑壘、投球、執行戰術幾乎都能完美呈現，而且現場雙方應援團的叫陣也給了我從未有過的觀賽體驗，最終心滿意足地看完比賽。

離開球場後，我回味著比賽的過程，同時慶幸自己的粗心大意沒有破壞掉這次的圓夢行程。如果這趟旅程下榻的飯店距離球場更遠，或是電車的時刻沒有完美銜接，我可就來不及回飯店拿門票再趕回球場，事前準備如此周詳的功夫也就白費了。

那一刻，我再度意識到，**一件事無論事前準備得再充分、計畫再周詳，都不應該忽略最基本的部分，否則都是枉然。**

此刻我們活在一個資訊非常通透的世界，輕易就能學到新的能力。好處是，你想學什麼很快就能找到；壞處是，你會想要準備得很充分才開始。

還記得多年前我自學架設網站時，秉持著工程師的精神，查詢很多架設網站的書籍，以及上網學習其他人架站的經驗。在大致了解架站的技術面後，我就去研究要租用什麼樣的伺服器；買好伺服器之後，再去學習如何美觀地設計網頁排版；排版完後，接著琢磨網頁要選擇什麼字體；選擇好字體後，就繼續……

你懂了，我在完成一件事之後，都會安排另一個新任務準備去完成。我看似一步步朝著架好網站的那天前進，卻是一直在做多餘的事情。印象中，我是在研究如何架網站兩三個月後，才驚覺到最基本的事情：我連一篇文章都還沒開始寫。

一個沒有內容的網站，再美觀都沒有用。做任何事，**開始行動**永遠是最基本的部分。

這也是如今潛藏在資訊時代的風險，網路上隨手可得各種「如何做」的資訊，導致人可以準備到很充分再開始，卻也一直在準備而沒有開始。

要學習某個新軟體？上網先看看別人的教學心得，然後就是一個心得接著一個心得。想要轉職或創業？先看看別人的心路歷程，然後看到有人說存款很重要，有人則說時機很重要，另一頭又有人說遇到貴人才重要，看著看著也就有了更多正反兩面的問題要思考，結果你還是不知道哪一個對你來說最重要。

因為資訊獲取的成本太低，所以我們像個海綿一樣貪食地汲取所有可以吸收的資訊，想要讓自己準備到最飽滿的狀態，想讓未知的不確定性降到最低。

只是，我們都忽略了，海綿吸水的目的不是為了儲備水分，而是要把水擠出來用在其他地方。

話說回來，準備愈充分不是愈好嗎？那倒未必，而且要視情況而定。有時候你以為獲得愈多訊息代表愈有把握，但實際上只是在填滿心中對於不確定感的迷茫而已。

我在二十多歲時的想法正是這樣，總以為只要做足準備，接下來的事情就會完美地順遂，但根本不是這麼一回事。這點跟人生很像，我們也會以為自己只要準備夠多、努力夠多，預期的結果就會發生，但現實的人生總是充滿變化，是由意外跟驚喜組合而成。人生的無奈，就是在於會出現比你想像中更無能為力的事情。

何況，擁有更多資源就能做得更好，是一種錯覺。

專長為決策理論的心理學家保羅・斯洛維克，就曾邀請一群馬術專家預測賽馬結果，發現專家確實預測得比較準，只是沒有他們自己想像中那麼準。

以下是學者的研究方式：假定有十匹馬參賽，如果是隨機瞎猜哪一匹馬會獲勝，由於有十匹馬，所以猜對的機率起碼會是一〇%。這是基本的準確率。

接者，學者讓專家自由挑選五筆跟參賽馬匹有關的資訊，比如馬的年齡、騎師的身高體重、過往最佳成績等等。專家根據他們獲得的線索去預測，準確率會從一〇%上升到一七%。

由此可推測，專家確實具備分析賽馬的能力。然而，心理學家更好奇的是，如果提供更多筆資訊，專家的準確率可以再上升多少？

答案是零。提供更多的資訊，預測的準確率還是一七%。

這個研究有趣的地方在於，雖然專家預測的準確率沒有上升，但專家本身的**信心度**卻上升了。當他們獲得四十筆馬匹資訊後，認為自己能準確預測賽馬結果的信心度，從原先的一九%跳升到將近三四%。

經由這個研究結果，我們可以得知一件事：收集到的資訊愈多，確實能提高做事的信心，但不見得能把事情做得更好。

那可以怎麼辦？根據比較科學的做法，你可以先定下一個完成日期，然後花前面三分之一的時間研究準備，後面三分之二的時間就要用來採取行動，過程中再藉由行動後的回饋來調整該怎麼做。詳細推論過程在此不作說明，有興趣的人可查詢賽局理論中的「祕書問題」。

不過，科學的方法稍微死板了點，我們其實還有更好的方法：接受這個世界就是混亂，然後降低行動的心理門檻，從一定要準備到最充分，變成準備到差不多就可以。

／

接受我們就是活在一個混亂的世界，是為了提醒自己不要陷入匱乏的心態。因為當人的心理處在匱乏的狀態時，會更害怕遇到無法承擔的風險，會擔憂自己沒有做出最佳決定而浪費時間跟金錢，到後來反而裹足不前。

如同我當初一再拖延寫文章，說穿了也是害怕結果以失敗收場，所以躲在看似不斷有進展的前置作業裡。等到我回過神來才發現，最重要的是網站能夠發布內容，不是嗎？我怎麼反而把時間都花在「只有我自己看得到」的部分。

後來經過自我剖析，我發現自己犯了兩個害怕失敗的迷思：一，我覺得網站外觀必須一開始就很專業，否則會被人批評；第二個說來可笑，我認為我寫的文章會被很多人看到，所以理當要準備得很充分才開始動筆。

事實上，不會有很多人看到，也沒人在乎我的失敗。這世上每個人都很忙，沒人有空去理會一個跟自己無關的人；這世界也很混亂，每個人都在忙著安頓自己的人生。縱使我寫的文章後來被不少人看到了，但在那時我只是**認為**自己的文章會被看到，其實理性思考後就知道，根本不會有人留意。

抱持這個想法，我終於開始寫第一篇文章，網站也直接上線，之後才邊發布文章邊調整網站畫面。

有趣的是，當我降低網站美觀的標準，也調降對自己文章的期待，最後的成果反而超出我原本的預期。如今回頭看，我不只是想不到，根本是不敢想，當初跨出去的這個行動，後來改變了我的人生。

查理·蒙格說過一句很有智慧的話：「我只想知道自己會在哪裡死去，這樣我就永遠不會去那裡。」言下之意，要人避免不必要的風險。但這句話無法反過來解讀，因為就算我們從來不去任何地方，也不可能永遠不會死去。人注定會死，但如果什麼地方都不去，反而限縮生命的可能性，漸漸凋零。

同樣，**如果不行動，做再多的準備都沒用。當你想要做足萬全準備，想等到克服所有問題才行動，你反而就是那個阻止自己的最大問題。**

人生，本來就是混亂的，沒有人可以控制。就像沒有完全平靜的海浪，想要行駛在海上，你不可能等到風平浪靜了才出發，而是要打造出一艘可以跟著海浪漂浮行駛的船隻，順著海象前行。而我們要打造的那艘船，就是自己的心智，接受混亂的人生，並在有所準備之後果斷地採取行動。

生活的一切本來就會朝向更高的不確定性發展，除非你永遠不行動，否則一定會遇到混亂的狀態。不過，正是在那些混亂的狀態之中，才會蘊藏著你還不知道的機會，能讓你遇見未知的自己。

當你有所準備後，就付出行動吧。很多時候，你只是需要跨出那一步而已。你要多相信自己，相信自己的能力還會成長，相信自己有辦法面對未知的不確定性，相信你已經擁有入場的那張門票，你需要的只是記得帶上它去兌換夢想。

縱使前方的路有些陌生，但過往的你也是這樣就漸漸走過來了。

將來的你過得如何，取決於現在的你如何去過

艾・語錄

凡事有好有壞，
不同的人生藏有不同的辛酸。
許多事，要經歷過的人才知道；
很多辛苦，也需要嘗過的人才懂。

人生這條路，用心才會走得遠。
沒有每天都能開心的日子，
卻有每天都能學到什麼的生活。

去為自己喜歡的生活努力，
而非因為討厭的事情放棄。
把學習放在競爭前面，把成長放在成功之前，
有沒有成就沒關係，能夠進步最要緊。

那是一段說起來模糊，想到時卻又無比鮮明的日子。

在開始寫作的前三年，我幾乎沒有浪費任何一個週末，全心將時間投入在寫文章與尋找題材上面，其他時間則用於閱讀及學習表達的方法。

當初有機會踏上寫作之路，是從撰寫理財筆記的網站開始。雖然最初成立網站的目的是記錄心得，但在漸漸有了固定讀者後，我開始要求自己每週更新兩到三篇文章。這個目標不是非達成不可，而是想給自己一個期許，想知道我在寫作上到底可以走多遠。

那時我每天把一半以上的工作時間都花在「寫」上面，其他時間除了回覆電子郵件，就是閱讀跟尋找題材靈感。

就這樣，一篇文章從剛開始只能寫幾百字，到後來的一兩千字，陸陸續續寫了好幾個日子，好幾篇文章，好幾萬個字，也寫出了不想放棄的念頭。這些念頭逐漸化成一縷又一縷的絲線，在我心中編織成寫作興趣，環繞成一張網，接住了我想要的生活。

至今我還收藏著自己第一篇文章的網址書籤，因為當時對寫文章沒頭緒，內容的可讀性相當粗糙，它也就靜靜地被安置在網路世界的角落。沒多少人閱讀過那篇文章，倒也就成為我心靈的後花園，偶爾想起時便會點擊瀏覽器上方的書籤，看看當初的自己是如何寫文，看看當初的自己是如何堅持。

一個人的堅持，可以把自己帶到多遠的地方？這個問題我自己現在也不明白，但我知道如果當初沒有堅持寫下去，也不會有後來幾十萬字的網站，不會有上千萬人次的瀏覽，不會有出版書籍的機會。

只是不諱言，我那時經營網站的過程並不全然美好。

/

寫文章是件快樂的事，不過經營網站從來就不是單純把想法跟靈感寫出來而已。那段期間除了專心寫作，還要花時間寫程式維護網站功能，這部分的工作讓我感到痛苦。

在此之前，我並沒有任何架網站的技術跟能力，當初是有考慮使用免費的網站平臺，不過考量到版面自由度的問題，一時興起，決定自學架設網站，工程師的靈魂也趕緊就戰鬥位置。

慶幸的是，後來出現知名網站平臺陸續關站的消息，許多人只能四處搬家，我則因此逃過一劫。很多事就是如此，你不會知道現在的堅持跟努力何時會有結果，但時間早晚會告訴你。

然而，寫作跟寫程式，真的是兩個完全不同的世界。

對於寫作的困難，至今我肯定未能完全體會到，但多少有了些感觸。寫作的難，難在有紀律地寫，有毅力地匯聚靈感，至於如何表達都可以再練習。正因如此，寫作的成長樂趣也藏在其中。

無論如何，寫作的變化度可深可廣，可浮想聯翩也可條理分明，是一次又一次與自己內心對話的過程。很多你本來就應該告訴自己的話，都會開始藉由文字呈現出來。能每天追逐著靈感跑，心中倒也暢快。

然而，寫程式不同，那是一場不是正確就是出錯的賽局，是一行又一行程式碼的對決，是一段又一段跟機器冰冷的對話過程。而且每次修改完程式都要測試一次，失敗了就要再回頭檢查，改寫成新的語法，這樣的反覆過程對我來說太乏味，剛好命中我沒耐心做重複單調事項的弱點。

那時對我來說，每一次維護網站的過程，都要歷經自我打擊的折磨，好幾次我都想把筆電拿起來往牆上摔，但想到要花錢重新買，幾秒後手就放了下來。工作桌則比較可憐，被我的雙手捶打不知多少次。

也不知當初是怎麼撐過那段枯燥的時光，但或許就是對寫作的熱愛，還有讀者給予的回饋，讓我每每經歷維護網站的痛苦之後，可以暫時躲在寫作的世界裡面，將文字段落看成鋼琴上的黑白鍵，悠遊在字裡行間的旋律裡。

／

能因此把寫作變成興趣，我則是始料未及。在許多演講活動中，我偶爾會被問到「如何知道自己喜歡什麼」「如何追求自己想要的未來」這類人生規畫的問題。其實，這類型的問題永遠給不出明白的答案，因為就像品嘗食物一樣，自己有多喜歡，旁觀者永遠體會不到。

好比有些人之所以做一件事，是先看到某人做那件事很快樂後，心中期待自己獲得同樣的快樂才跟著做。問題在於，那樣的喜歡在自己心中不一定有重量，輕如鴻毛，一經風吹就從手中飛離；或是在遇到挑戰之後，遭受困難的衝擊而破碎。畢竟，喜不喜歡必須自己做過以後才知道，光看別人的成果，不會知道那個人在背後承受多少痛苦。

我想起電影《氣象人》裡的一個情節，主角陷入了經營家庭、工作的困擾，婚姻即將破碎。某次主角跟父親用餐時，已經體會過人生甘苦的父親看著他說：「想得到任何有價值的東西，你就必須有所犧牲……在成年人的世界裡，沒有容易兩個字。」

成年人的世界裡，何時容易過？為喜歡的事情堅持努力，本身就是一件不容易的事。雖然很多人都知道，努力是通往成就的必經道路，但少有人意識到，用心後的苦楚也是讓很多人放棄的原因。

正是因為努力了，你會遭遇沒有預料到的困難，你會看見更多的不公平，你會發現自己的不足而喪氣，你會失去現有生活的穩定。這些都把人推向否定自己的情緒裡，漸漸把努力看成壓力，對自己從有信心變成很灰心。

然而，**成長的過程沒有輕鬆的路可走，那些少有人去到的地方，並不是路太遠，而是走起來太陌生。**唯有當你實際走過了，才會知道自己喜不喜歡；唯有你先當真了，事情才有可能成真；唯有你不怕打擊，才會知道自己能走得比想像中還遠。

將來的你會過得如何，取決於現在的你如何去過。人生最棒的事情，並非後來的你成功了，而是你能說出自己是如何成功的；你吃過哪些苦、遭遇過哪些困難，都被你一一克服了，所以才有後來的美好。

如同《氣象人》裡父親對兒子說的另一句話：「凡是有意義的事情，都不會是容易的事情。」

可不是嗎？只要是自己喜歡的事，都不會是容易的事——否則，我們也不會喜歡了。

國家圖書館出版品預行編目資料

陪自己走走：人生只跟自己有關，不需要每個人都喜歡／艾爾文著. -- 初版. -- 臺北市：方智出版社股份有限公司，2024.07
256面；14.8×20.8公分 --（生涯智庫；218）

ISBN 978-986-175-801-5（平裝）
1.CST：人生哲學 2.CST：自我實現 3.CST：生活指導
191.9 113007065

Eurasian Publishing Group
圓神出版事業機構
用心與你對話．視野無限寬廣
方智出版社
Fine Press

www.booklife.com.tw reader@mail.eurasian.com.tw

生涯智庫 218

陪自己走走：人生只跟自己有關，不需要每個人都喜歡

作　　者／艾爾文
攝 影 者／艾爾文
發 行 人／簡志忠
出 版 者／方智出版社股份有限公司
地　　址／臺北市南京東路四段50號6樓之1
電　　話／（02）2579-6600．2579-8800．2570-3939
傳　　真／（02）2579-0338．2577-3220．2570-3636
副 社 長／陳秋月
副總編輯／賴良珠
主　　編／黃淑雲
專案企畫／沈蕙婷
責任編輯／黃淑雲
校　　對／黃淑雲．李亦淳．黃馨儀
美術編輯／蔡惠如
行銷企畫／陳禹伶．蔡謹竹
印務統籌／劉鳳剛．高榮祥
監　　印／高榮祥
排　　版／莊寶鈴
經 銷 商／叩應股份有限公司
郵撥帳號／ 18707239
法律顧問／圓神出版事業機構法律顧問　蕭雄淋律師
印　　刷／國碩印前科技有限公司
2024年7月　初版
2024年9月　5刷

定價 370 元　ISBN 978-986-175-801-5

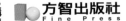

人生跟自己有關，要努力去喜歡。